大展好書　好書大展
品嘗好書　冠群可期

大展好書　好書大展
品嘗好書　冠群可期

武術特輯
62

太極十三刀

張耀忠　編著

大展出版社有限公司

著名武術家王培生先生演示太極刀

作者與老師王培生先生合影　　　　作者演練太極刀

在廣西桂林體驗「順水推舟鞭做篙」（第十一刀）的感受

指導弟子練習突刺的要領

與弟子合練刀對槍

指導日本弟子練刀術

作者簡介

　　張耀忠（丹誠），山西陽泉人，1925年生。自幼受家傳武功與道功的影響。青年時期習軍中格鬥術，爲了深造提升，後拜在著名武術家、氣功大師王培生先生門下，專修武當內家拳法、器械和乾坤戊己功，學有所成。著有《太極拳古典經論集注》《太極玄門劍》《周天太極拳》《八卦散手掌》《精功十三式太極拳》（十三丹法）《吳式太極拳簡化練法》及《氣功穴位指南》《中華武醫穴位治病圖解》（合編）等書。

　　他創編的適合當代快節奏習練的《周天太極拳》和《太極連環雙手刀》易學易練，健身效果和技擊作用立竿見影，是當代武學的創新，堪稱武術快餐。

　　張先生從事武術、氣功教學二十餘年。曾任東方武學館和培生武學館教練，以及湖北鄂州元極武德館總教練，弟子眾多。

　　張先生於1992年4月主持接待了國際空手道聯盟代表團，並與該聯盟主席師範鈴木辰夫先生進行了技術交流。

　　1994年10月在北京召開的世界太極修煉大會，張先生擔任咨詢工作。

張先生原任北京市軍事體育總校副校長（退休），現爲北京市武術運動協會委員，中國武當武術聯合會顧問。入編《中國當代武林名人誌》《中國當代武術家辭典》。

　　張先生熱心社會武術工作，1987 年被評爲北京市武術協會發展武術積極分子。1996 年、1997 年兩年被評爲全國徵集體育健身方法特別熱心參與者。2001 年 6 月被評爲北京市體育局優秀共產黨員。2002 年 2 月獲「首屆中國武術家武術成就獎」。

　　1998 年獲中國武術段位制七段。

序 言

退休後，獲得了自由支配時間的主動權，得以靜下心來，將數十年所練武藝整理成書，這對繼承和發揚中華武學終歸是有益的，從 1989 年至今，我已有 7 本書面世。此次編寫「太極刀」，也就是將自己以往所習部分刀術整理出來，以饗讀者。

我從習刀、佩刀、用刀、傳授刀術和編寫刀書，算起來已有 55 個年頭，實際與戰刀打交道也有二十餘年。

開始習刀於 1945 年，當時學的是東洋劈刀法，日本人稱之爲「劍道」。其動作雖然簡單，但是很實用。面對端著槍刺的對手（日本人稱爲「銃道」）的頻頻突刺，持刀者雙手舉刀左右格攔，一格即刺，也是照對方胸膛直捅，而下盤雙腳則躍步進退，騰挪閃展，雙方猶如生死搏殺。教我練劈刀的是一位叫清水的在華「日本人民反戰同盟」的成員。我時任山西平定（路北）縣敵工部外勤幹事，我們同在一起從事瓦解敵軍的工作。

1949 年進軍大西北時，給我們連級以上幹部每人配發了一把戰刀，準備打騎兵。我領到的恰好是一把我曾經練過的日本軍刀，這眞是巧合，令人稱心如

意。我當時成了一位真正佩帶戰刀的年輕軍官，威風不已。在進軍途中，邊走邊練，外加駁殼槍和手榴彈，大大增強了打騎兵的勝利信心。我時任楊、羅、耿麾下的一名連隊指導員。

1954年自學太極刀，是照書本練的，直到20世紀80年代初才正式跟老師王培生先生學習傳統太極十三刀，之後又在老師家學習刀加十二金錢鏢，後半部分比傳統十三刀套路長得多。

太極刀的基本刀法是與對方的肢體及器械交十字，以橫破豎（直）或以豎（直）破橫，以逸待勞，後發先至，靈活運用劈、剁、砍、扇、撩、掃、抹、斬、推、錯、格、截等技法，隨機應變，以保護自己消滅敵人。90年代中期，我先後在北京、遼寧鞍山、本溪、吉林東豐、公主嶺等地傳授太極刀。在此期間，我還創編了「太極連環雙手刀」進行傳授，並整理成文，發表在《武魂》雜誌上。此次編寫的太極刀，有諸多與眾不同之處：

1.收入了我的老師、著名武術家、當代太極泰斗王培生先生演示太極刀的珍貴圖照。

2.加注了太極十三刀刀式名稱釋義及分解動作簡注。

3.對每一動作的要領和技擊應用都作了詳細的說明。

4.對太極刀的身法、步法、刀法、腿法、手法、眼神、意念及常用穴位都有專門論述和介紹。

5.增加了太極刀對槍的演示圖照。

6.對太極刀套路中個別誤傳的「張冠李戴」的名稱予以更正，使其名稱符合動作姿勢的實際。

7.收入了本人創編的「太極連環雙手刀」套路。

8.獨特的定型太極刀（俗稱單背劍）刀型結構圖注。

9.刀環的操作方法圖示。

10.選錄了當代太極泰斗王培生先生的重要論文。

總之，本書內容豐富，知識比較廣泛，讀者定會開卷有益。

此書在編寫過程中，得到了周懷恩、閻慶學、韓志維、楊健立、孫德普、朱雷、李佐治、趙茂華、張林、李立子、張貴華等各位在演示、攝影、抄寫、打字等多方面的幫助，謹在此一併致謝。不當之處，在所難免，誠望同道專家指正。

張耀忠
於北京天龍齋

目　錄

第 **1** 章

太極刀的基本要求和特點

第一節　太極刀的身法

太極刀的身法，是與步法、刀法、眼神、意念結合運用的。把身法的諸項要求掌握好了，對於發揮刀法的長處，定會有很大的幫助。

人的身體，分為上、中、下三盤。上盤包括頭、頸，中盤包括軀幹（由肩到胸、腹），下盤是由胯到腳。身法在這上、中、下三盤中，共有九項要求，分述如下。

論身法，首先得從「頭」說起。其要點是提頂。或稱頂頭懸、虛領頂勁等，都是一個意思。提頂為上盤功夫，也是最主要的功夫。常言道「人無頭不走，鳥無翅不飛」，形容頭是起帶頭作用的。

人的中樞神經位於大腦。所謂「以心行氣，以氣運身」，就是由神經中樞帶動的。頭部有七竅五官，「耳聽八方，眼觀六路」，就是在觀察左右時，用兩眼餘光向外掃射兩側視野，這樣會使人精神振奮，反應靈活，但這都得經過專門訓練。

身體的一切行動，都是透過大腦來指揮的，所以，頭頂又像個定盤星，身形步法無論怎樣變化，定盤星不能丟。頂一丟，身體就失衡，就沒有準了。所以，在太極拳系列運動中，這個頂不能丟，也叫做「不丟頂」。而要求做到提頂，人的身體好比魚網，提頂如提綱挈領，可把人的精神提起來。學會提頂，則功夫上身，立竿見影。提頂之法要求做到，「尾閭中正神貫頂，滿身輕利頂頭懸」。「立身中正方可支持八面」。

　　其法是意想尾骶骨回找（從身前往回找）鼻尖，眼睛平視前方，百會穴微微有點意感就夠了。若用意過大，身體就又不穩了。這是最基本的要求。

　　但是，這樣還比較籠統，還不夠具體。因為人的頭頂有五個區域。即前、後、左、右、中。前區為前頂，後區為後頂，左區為左頂，右區為右頂，中區為中頂。在這五區中分布著五個穴位，中間為百會穴，前後左右各有一穴，統稱為「四神聰」。這五穴各有各的用處。提頂應提哪區的頂，是根據步型和步法及其虛實變化來決定的。

　　如係坐步則提後頂，若是弓步則提前頂。弓步與坐步為正步，即正弓步和正坐步。而隅步是橫寬縱短的步型，左隅步則提左頂，右隅步則提右頂（如左右打虎式，其步型屬於隅步）。併步直立或由一腿支撐的平衡動作則提中頂。提頂區域提錯了是不行的，習者體察驗證即知。提頂提對了則一切便利從心，提錯了，不但感覺彆扭，最主要的是會影響本身的潛在能量的發揮。如果不提頂則沒有精、氣、神。提頂在身法中是頭等大事，不可忽視。遺憾的是，能悟透提頂就能出功夫的人並不多見。

關於提頂，先輩們有「虛領頂勁」的提法，是虛虛地領著頭頂向上頂的那股子勁，不是強頂、硬頂。古人造字所造的「勁」字，就一目了然。上面一橫，形如一塊頂板，下面「巛」如彈簧，有伸縮性。再下面是「工」字，形如抗壓力特強的工字鋼，如鐵軌的剖面。右側是「力」字，合成為「勁」字。不是僵勁拙力，而是彈性力。頭頂有虛領頂勁之意感，身上、手上就會產生彈性力，也就是掤勁。掤勁在所有的太極勁裡面是最基本的勁，也叫暗勁，就是常人所說的「內勁」，這種勁在太極界裡是人人追求的。

還有一種提法叫「頂頭懸」，是把頭虛懸在空中的意思。這有點像古時讀書人為防瞌睡打盹而將一縷頭髮絲懸掛在房樑上似的，叫做「頭懸樑，錐刺股」。有這種意念，確實可以保持頭部正直。

還有就是意想頭頂如四方平板，猶如博士帽的頂蓋，也可達到提頂之功效。

提頂的妙處，我是在 20 世紀 60 年代開坦克時得到啟發的。當時我頭戴坦克帽，下坐駕駛椅，上頂裝甲板，上下一固定，胳膊腿操作起來是特別來勁。當離開坦克之後，仍保留這種感覺，打拳、推手同樣來勁。我想，太極身法所要求的虛領頂勁，定是這麼一種感覺。

我在行功中，還悟到另一種感覺，是「頂天立地」。頂天，天並不高，頭頂（頭皮）上面就是天。只要意想頭頂上面有天，手上就來勁，這叫做「天人合一」，借助身外的能量，隨驗隨效。其實就是頭手結合，以頂打人，也是意念打人一法。這種方法跟電車原理相類似，上面一通電，下面車身就活動了起來。

人體又好比是一件衣服，把衣服往掛鉤上一掛，掛環處猶如提頂，而衣服整體則均往下鬆垂，即虛領頂勁，全身放鬆，鬆到腳底，腳腕再一鬆，腳底就輕靈了。能進入如此意境，自然就來太極勁。「凡此皆是意，不在外面」。

　　身法的第二點要求是鬆肩。

　　肩為上肢的根節，即從肱骨頭一直到肩胛骨。肩胛骨像是一只盤子，叫做肩盂，肱骨頭在這盤子裡形成肩關節，能來回轉動。鬆肩的作用和目的是為了把全身的力量傳到手上去，並達於對方身上，因為手（梢節）是跟對方接觸的。只有真正做到鬆肩以後，才能把攻擊力傳到對方身上。如不能鬆肩，肩關節是僵滯的，手上再使一點力，比如握緊了拳頭，那麼，你的手臂就會有發飄的感覺。把肩關節一鬆，手上的氣血馬上就會過去。所以，在操練的時候，也要求鬆肩。肩若一緊張，手就涼，阻滯了氣血向末梢的傳導，氣血到不了末梢。

　　肩關節怎麼鬆呢？鬆肩不可想肩關節，越想肩關節，肩越僵。其實鬆肩的方法很簡單。開始時，將肱骨頭往裡向肩胛骨靠攏一下，然後往外拉開。待練熟了以後，一想肩井穴（忘掉肩關節），肩自然會鬆開（肩井穴在兩手交叉搭在肩上時中指肚所按的位置）。

　　這就好比人入睡以後把自身忘了，全身也就鬆開了的道理是一樣的。肩鬆氣到肘，肘沉氣到手。肩鬆不開，氣行不過去，就猶如電阻太大，電流受阻。古拳譜歌訣曰：「個裡玄機在兩肩。」語言很隱諱，下面沒有解釋說明，把人引入五里霧中。其實應該是個裡玄機沒有肩。肩沒有了也就不存在僵硬了。可意想將兩臂從肩上拆下來，將其安裝在兩個腰

子（內腎）上。這樣不但可以鬆肩，而且還能用腰，使兩手長在腰上。諺曰：「手從腰出，勁大如牛。」「腰在手後跟，勁大如雷霆。」就這樣冷落了肩頭，熱了腰，肩頭也就自然鬆開了。

第三點要求是墜肘，也叫沉肘。

沉即下沉，墜也是下墜。肘關節，就是上臂與前臂折後的凸出部。墜肘與鬆肩有密切的連帶關係。因為肘為上肢的中節，手為梢節，要使全身勁力達到手上去，要在鬆完根節（肩）後，必須通過中節才能到梢節。所以，中節必須鬆沉。如果只是肩鬆了，中節沒有鬆沉，還是僵硬的，那樣氣血就會倒回到肩關節去。

所以，肘必須鬆沉。肩一鬆，肘一沉，氣就到手上了，手心一空，氣貫指梢。

沉肘之法，有的說，使虎口朝上，肘尖朝下；還有的說，肘彎處好像掛了塊石頭。這些說法和想法，其效果都不佳，只有意想曲池穴向外、向下經肘底部向裡、向上去找少海穴，才能真正達到墜肘的要求。肘沉則氣到手。肩鬆了，肘墜了，這時手上才有得氣感，內勁也就油然而生。此外，意想肘尖入地，效果亦佳。

第四點要求是鬆腰。

「腰」字是由一個肉月旁和一個要字組成的。因為腰是人體運動最為重要的部位之一，它是管四肢的總機關，所以古人在造字時，就在肉月旁採用一個重要的要字。

這裡說的腰，是指的兩個「腰子」，即左右兩腎臟。兩個腰子是能夠沿著順時針或逆時針方向進行升降旋轉運動的，不過動量不大。雖動量不大，然而這種不大的動量在太

極拳發勁中具有重大的作用。兩腎的升降旋轉運動，是由左右兩個鼻孔分工吸氣和呼氣來推動的。如用左鼻孔吸氣，是提左腎。用右鼻孔呼氣，是降右腎，反之亦然，這就叫做轉腰子。我們把向右轉腰作為一個行程，那麼提左腎時，腰向右轉動了半個行程，餘下的一半行程則由降右腎來完成。

這種運動，不管你有意識或無意識，自覺或不自覺，總歸是這樣的，如果你能夠自覺、有意識地支配兩腎的升降旋轉運動，那你就掌握了太極拳運動的微妙之處。太極拳在發勁時，往往是提一個腎，降一個腎，或向左轉或向右轉，效果相同。這在過去是秘而不傳的。欲通此藝，全在「調息」。就在於兩個鼻孔分工的一呼一吸，先吸後呼，提起左腎來砸右腎或提起右腎來砸左腎。

太極拳運動的最大特點是轉腰，由腰的運動帶動四肢的運動，腰是管四肢的總機關。何以見得呢？

試把兩手用力攥緊，而後收腹鬆腰，腰一鬆，你的拳頭也就攥不緊了，手也就軟了，沒有勁了。或者你一想腰緊，你的手也就發緊，且是那麼一種緊，僵硬的，它打不了彎，關節是直的。你一收腹鬆腰，你的手也鬆，手心也動，腳心也動，腳心也空且離開了地，這是因為勞宮穴和湧泉穴都跟命門穴（命門穴在右腎的左上角）相通的。

腰一收縮，叫做提綱，是提綱挈領的意思。腰好比魚網的綱，四肢如網絡。再如，一個人坐在靠背椅上，在立直腰的狀態下，要想站立起來是不可能的，要站立起來就必須先動腰，腰一動，上體向前一傾，眼球跟睪丸一垂直（腰子、眼球與睪丸稱謂身外之六球），再向前一看，才能站立起來，所以說，腰是管四肢的總機關。

所謂「太極拳，轉腰圈」，轉的是腰間的太極圈。腰為太極，兩腎為腰，腰子的形狀像蠶豆瓣。左腎高，右腎低，兩個腰子併攏在一處，酷似左陽右陰的雙魚形太極圖。

「太極生兩儀」，兩儀就是脊骨兩旁兩胯的兩股大筋。「兩儀生四象」，四象就是四肢，兩儀之筋上通兩腋大筋，發於胳膊，下通兩胯後筋，發於兩腿。「四象生八卦」，八卦就是四肢的八節（兩上臂、兩前臂、兩大腿、兩小腿）。八八生六十四卦，就是手指、足趾的五十六節與臂、腿的八大節，合為六十四節，即六十四卦。

太極拳的勁力由腰發於兩儀筋，再由兩儀筋發於四肢，此為心法。由四肢八節發於手足指（趾）節，此為用手（足）法。是以身法現四肢，身法的源頭在腰間，「腰為軸，四肢為輪」以軸貫輪，軸帶輪動。

要想用腰，必須鬆腰，要鬆腰還不能想腰。一想腰，腰部肌肉反而發緊。鬆腰的方法就是收肚臍，肚臍往裡一收，腰部肌肉馬上就鬆開了，腰肌鬆開了，腰部就靈活了，鬆活得像一盤大軸承似的，左旋右轉很方便。

諺云：「腰功一法並不難，輕輕一動出螺旋。」「腰先動，帶四肢。」「渾身隨腰動，出拳才有用。」「練拳不練腰，終生藝不高。」「手腳亂動腰不動，捨本求末無用功。」「練拳全賴腰腿功。」「腰活一閃過，制敵有把握。」「腰腳不靈，功夫不深。」「腰部不鬆，上下不通。」「腰部不通，發勁不整。」由此可知，鬆腰是技擊應用的需要，所以必須學會鬆腰和用腰。

第五點要求是收臀。

當腰部肌肉鬆開以後，臀部肌肉自然也就放鬆了。臀部

肌肉往下一鬆（一溜），尾閭自然鬆垂，尾閭鬆垂，脊柱就中正了。這就達到了「尾閭中正神貫頂，滿身輕利頂頭懸」的要求。收臀也叫斂臀，指臀部不得凸出。我們平常的狀態已經是凸臀了，臀部一收，脊柱正了，感覺四周面積大了。收臀就是為了使臀部跟脊柱上下保持一條直線。訣云：「立身中正，方可支撐八面。」臀部一收，則氣沉丹田，臀部外凸，則氣湧胸膛。太極拳要求空胸實腹，上虛下實，使重心降低，底盤穩固，如此可避免「翻車」。因太極拳與人交手時要保持自身的穩定，破壞對方的平衡，所以，收臀也是為技擊應用的要求。

第六點要求是抽胯。

胯關節上連腰部，下連腿，是人身的底盤，它能掌握步幅的大小一致，因而換步時要注意胯。胯的動作好，則骨盆能托起脊柱來，以保持身體的正直。抽胯還可以補鬆腰的不足。怎樣抽胯，如左弓步，則實腿側胯根（腹股溝）往回抽一抽，右胯往前送一送（挺一挺），這樣肩與胯上下才能對正，前面鼻子尖對準前腳大趾甲，後面尾骨端對正後腳跟，這樣右手發勁特來勁，實際發的是腰腿勁，即「其根在腳，發於腿，主宰於腰，行於手指」。

抽胯的深層意思是，氣衝穴貼衝門穴，你鬆開肚皮去貼實腿側的大腿根就得，這也叫丹田氣向左充。右弓步與左弓步的抽胯要領相同，惟姿勢相反。

常見有人在做弓步時，膝關節向裡拐，那是因為沒有抽胯。長此下去，必傷臏骨，功夫沒長進，反而練傷了腿，這樣還不如不練的好。抽胯能增強腿部的力量，腿部肌肉增強了，對於心臟、脾、胃都有益，健身和技擊作用俱佳。

第七點要求是裹襠。

「裹」是包裹之意。裹襠的方法是使腰、臀肌肉鬆弛下來（一點力不用），肌肉欲落到地上，再往裡一收攏，如同用布從後面往下再往前上一兜，把骨盆包裹起來，兜到小腹為止，鬆腰、溜臀、裹襠、包腹，有連帶關係，但不可太過。這樣肛門括約肌就收縮了，這叫做「地門常閉」，不讓中氣跑掉。此時丹田氣感覺充實，如果肛門括約肌鬆弛，丹田氣也就散了。

在做騎馬蹲襠步時，如不按規矩做，很容易出偏差。馬步的要求是，兩腳尖略向外擺，兩膝外敞，使膝尖對準腳尖，然後意想兩胯側之環跳穴去找兩膝外下之陽陵泉穴，這樣襠自裹，肛門括約肌自收，如此則氣聚丹田，中氣不散，並且感覺襠下恰似騎在馬背上，穩穩當當的，這叫做敞膝而裹襠。

通常的裹襠法是，肚臍往裡一收，氣從命門出，一分為三岔。其兩股分向左右橫繞腰間返回肚臍，另一股則從命門向下，經尾閭、過襠部向上兜起，返回肚臍。這樣的裹襠，與鬆腰、收臀有著密切的連帶關係。裹襠為使氣聚丹田。「丹田氣在千般用，養生防身兩相宜」。

第八點要求是涵（含）胸。

胸部是保護內臟的，並且影響四肢功能的發揮。如挺胸，則拿不起腿來，而一涵胸，腿就輕靈。涵胸的作用是使你能跳起來。「蛇纏雀躍世間稀，十個拳家九不知」。練太極拳，學的就是蛇纏雀躍的功夫，還要學貓竄狗閃、兔滾鷹翻、龍騰虎躍、馬奔鹿突的技能特長，這叫做武術的仿生學，就是以動物為師，師法自然。

例如貓竄，其胯、膝、足、關節必須卷曲，還必須涵胸，為的就是要使身之弓有彈力。

練習涵胸，並非把兩肩向前合，而把胸含回去，那樣會形成羅鍋或駝背而壓迫內臟。這個涵胸是含苞欲放之意，也是含蓄的意思。練習涵胸可採取三種方法，其一是意想兩乳頭垂直向下引，將兩股細流引送到小腹肚臍下邊沿的水平線上即可，但不可太靠下，因太靠下反而會把脊柱拉彎的。實際也就是空胸實腹、上虛下實的要求。涵胸叫做「西山懸磬」。胸部是空虛的，即「虛其心，實其腹」。真武大帝為內家拳的祖師爺，故事傳說他把心肺掏空了才修煉成功，其實他是悟透了空胸的重要性和必要性。第二種方法是，你把鎖骨放鬆，胸部就空了。第三種方法是，意想兩肺尖上的氣戶穴如通氣孔，使內外氣相通，這樣，胸部也就寬鬆了，「涵」如涵洞，洞如空洞，涵胸即空胸之意。

上述三種方法，可任選一種，採用自感效果好者行之。

第九點是拔背。

拔背在技擊應用上，也屬於身弓，位置在大椎處，面積約10公分見方。拔背的方法是：你一想這塊面積的皮膚，跟你的貼身衣服貼上，那就拔背了。拔背並非故意抽拔，因為用意太大了也不行，拔得太過，身子會搖晃的。

拔背與涵胸是相輔相成的，拔背是因為涵胸過大，把脊柱拉彎了，就用拔背來糾正。

在與人交手時，需要拔背，使力由脊發。就是由大椎處發出的（大椎管兩臂，尾閭管兩腿，腰部管四肢）。

以上所述身法的九點要求，互相之間都有密切的連帶關係，習者應仔細體察。

太極刀運動，既矯健勇猛，又剛柔相濟，身法隨刀法的變化而變化，各種刀法都表現為不同的身法，而刀法的變化又在於身法的變化，身法的變化又與步法的變化密切相關。身隨步轉，步隨身換，身隨刀走，刀掩身形。

身法的變化則以腰為樞紐。腰間兩腎（腰子）為人身六球之中球。中球的開合，與兩肘、兩膝相繫相通。上球為兩眼，兩眼的開合，與兩手腕、兩腳腕相繫相通；下球為兩睾丸（女子為兩乳頭）。睾丸的開合與兩肩、兩胯相繫相通。總之，六球的開合，直接影響到四肢各大關節的鬆緊開合，四肢各大關節之間（如肩胯、肘膝、手腳），既要上下左右交叉相合，又要彼此相分，當合則合，當分則分。四肢各大關節之間也是相繫相通的，即所謂「上下相隨人難進」。人體是個小宇宙，又稱「巨系統」。既有顯見的系統，又有隱形系統，這與電腦互聯網相類似。身法是人體科學，是為深入認識人體本身的構造和功能，以利盡量開發人體的潛在功能。「身法有定也無定，千變萬化難形容」。事物是複雜的，人對本身的認識需要逐漸深化。

第二節　太極刀的步型步法

「步為拳之根，拳為械之母」「先看一步走，後看一伸手」，步子做對了，就等於打好拳、練好刀的一半。如果腳步不當，參加比賽要扣分，進行實戰則必敗。所以，要練好刀法，必先在步法上下工夫。弓、馬、仆、虛、歇等步型步法，各有各的規矩，沒有規矩則不成方圓。步是太極刀的基礎，刀是手的延長。太極刀的步型、步法種類繁多，變換較

頻，茲分述如下：

1. 正步

正步的步幅、步度是習者本人的一腳長、一腳寬。前腳跟和後腳尖分別落在一個正方形的對角點上，兩腳尖平行向前，形如鐵路直線道軌，腳尖不裡扣也不外擺。

正步又分弓步和坐步。

2. 弓步

前腿為實，全身重量落在前腿上。前腿屈膝前弓，使鼻尖、膝蓋尖與腳大趾尖上下對正，垂直一線，名為三尖相照。頭頂之百會穴與前腳之湧泉穴上下對正，此為陰陽相合。百會穴為陽穴，屬督脈經穴，湧泉穴為陰穴，屬腎經之經穴。陰陽兩穴對正之後，腳底湧泉穴感覺有點空，此處好像離開了地面，這叫實中有點虛，陰中有點陽。這是由於異性相吸之故。有了此種感覺之後，手上就會產生異常能量，這好比照明線，一合閘燈就亮的原理是一樣的。

此外，還得鬆開肚皮貼大腿根，丹田氣向實腿根一側充，使氣衝穴貼上衝門穴。後腿為虛，但須伸直，膝部不可彎曲，後腳能抬而不抬，後腳跟不可離地。從承山穴往後下有入地之意，使後腳跟踏實，這樣就求出虛中有一點實、陽中有一點陰來。然後，鼻尖對正前腳大趾甲，尾骨端對正後腳跟，這樣正弓步就合乎要求了。

弓步也叫弓蹬步、弓箭步。弓步又分左弓步、右弓步。左腿屈膝，右腿伸直為左弓步，反之則為右弓步。如「弓步劈刀」「弓步扎刀」「弓步推刀」等即是。

3. 坐步

後腿為實，尾骶骨對正腳跟，全身重量落在後腿上。前

腿為虛，收腹翹腳或腳掌虛著地面。如「屈膝待發」「上步七星」等步法。

4. 隅步

隅步的幅度是習者的半腳長、一腳半寬。其要點與正弓步基本相同，不同之處是尾骶骨與前腳跟上下對正。需著重注意的是實腿的腹股溝往上抽，鬆開肚皮擱在大腿根上。如「左右打虎式」和「進步圈扎」等步法。

5. 馬步

兩腳跟間距約 60 公分（略寬於肩），兩腳尖稍向外撇，成八字狀，名為八馬步。兩膝蓋尖必須與兩腳尖方向一致，腳腕、膕窩和大腿根部鬆成三處括弧狀，這樣兩腳底則會有空鬆輕靈的感覺。然後意想兩胯側的環跳穴去找一個兩膝外下的陽陵泉，如此襠部才有坐騎在馬背上的感覺，故叫做「騎馬蹲襠步」。並要敞膝而裹襠，這樣肛門括約肌才有收縮力。在道家功法中叫做「地門常閉」，以防漏氣。

此外，還要求收腹、鬆腰、收臀，意想脊柱像一根竹竿直插入地下，這樣馬步樁就穩定了。如「馬步劈刀」「馬步橫刀」等就是這種步法。

6. 半馬步

兩腳分開，稍寬於肩，兩腳尖外擺成 90°。後腿承擔體重的 70%，前腿承擔體重的 30%，後腿膝蓋尖與腳尖上下對正，前腿膝蓋內側與腳內踝骨上下對正，如「半馬下截」「後退護左」等步法。

7. 仆步

鋪到地上的步。其要求是，一腿全蹲，腳與膝尖稍向外撇，另一腿自然伸直，平鋪接近地面，腳尖裡扣，腳掌全著

地面。仆步的步型、步法攻防咸宜。本刀式之下勢為「仆步壓力」。「下勢」是因身體大幅度降低重心而得名。雙手與刀都往實腳上合，名為「下勢三合自由招」。

8. 虛步

分丁虛步和跨虛步兩種。丁虛步又稱點步，即一腳尖虛點地面之意。丁虛步的要領是，兩腿微屈，後腳踏實。前腳跟離地，腳尖虛點地面。實腳橫、虛腳豎，形似「丁」字。丁虛步是攻防兼備的，一方面是為避閃，而將一腳收攏到實腳旁，另一方面是隨時準備移步變換重心，或起腿發腳踢、蹬、踩、跺。

跨虛步又名跨虎坐、跨仙鶴、半跨坐。像跨坐在馬車邊沿上似的，實際也沒有坐，是輕靈的。具體做法是，右腿屈膝下蹲，把左膝提起來靠近右腿內側，腳尖虛點地面。左右式動作要領相同，惟姿勢相反，如「虛步橫刀」則為跨虛步。「點步右攔」為丁虛步。

9. 歇步

形似坐下歇一歇。歇步的基本要領是，兩腿交叉屈膝蹲坐，前腳尖外擺，俗稱腳打橫，全掌著地，後腳跟提起，腳掌著地，臀部坐於小腿之上。通常練習方法是兩腳平行，開步以後，以右腳為軸，腳跟打橫，左膝抵於右腿膕窩處，兩腿屈膝下蹲，左腳跟提起，腳掌著地，此為歇步。

歇步是好幾種步法的總稱，如一腿支撐，另腿向前面與之交叉，稱為蓋步，也叫蓋踩步。一腿支撐，另腿後面與之交叉的，稱為背步。一腿支撐，另腿向後退的，叫偷步。偷步又叫倒插步。這些步法均為歇步。

在太極刀套路中之「叉步右攔」「歇步藏刀」「蓋步剪

腕」「叉步藏刀」等動作，均屬歇步。

10. 閃步

指突然向側方移步，急避對方下刺槍之步法。以移動方向不同，分左閃步、右閃步。左閃步是左腳先向左橫跨一步，右腳隨之向左橫移。右閃步的做法同左閃步，惟左右相反。閃步也叫「撤閃步」「騰挪步」。如「閃步左捋」屬撤閃步，閃步形如狗之閃或螃蟹橫行。此為武術仿生學。

11. 獨立步

獨立步又稱「寒雞踏雪」「金雞獨立」。「雞有獨立之能」，屬武術仿生學。

其要點是：一腿伸膝立直，獨立支撐全身體重，另腿屈膝提起，屬平衡動作。獨立步分左或右式，做法相同，惟左右相反。獨立步的訣竅有四：其一，意注獨立腿一側之腰間（內腎，俗稱「腰子」）。意守此處則平衡穩定，因為此處既是人體重心，也是人體中心。獨立腿為實腿，意守實腿側之腰子，是平衡動作之秘要。

其二，提實腿側之耳梢。此與意注實腿側腰子有相同的平衡效果。因為腎開竅於耳，內外五行相通，此訣竅屬本門專有。

其三，使睪丸向上抽提，如此會有「獨立如日升」的感覺。不但可立穩，就連實腳也想離開地面而升空，自身猶如火箭向上空衝的感覺。這在以往屬不傳之秘。

其四，使鼻尖對準實腳之大趾甲蓋，尾骨端對正腳後跟，膝蓋伸直，使實腿內外側之陰、陽蹺脈得以舒伸，因蹺脈管升降運動。如此則頭頂之百會穴（陽穴）與腳底之湧泉穴（陰穴）上下對正（陰陽相合），求得了立身中正。「立

身中正方可支撐八面」。但無論採取哪種練法，二目都必須向前平視，既不可俯視，也不可仰視。因為平視也起維持人體平衡的作用。二目通維脈，陰維、陽維。維什麼，維持平衡。二目、兩腰子（內腎）、二睾丸（女子為兩乳頭），運用六球屬高層次功夫，且屬本門獨有。誰學會運用六球，定會有顯著進步。

獨立步在本套路中出現較多，如第二刀第 1 動「提膝下滑」，第三刀第 2 動「提膝攔刀」、第四刀第 2 動「提膝上推」、第七刀第 2 動「提膝合掛」、第 4 動「獨立掠扇」、第八刀第 2 動「提膝交刀」、第九刀第 5 動「右腳橫踹」「獨立拍踢」「接刀上架」、第十一刀第 7 動「踢腿撩刀」、第十二刀第 3 動「提膝下掠」、第十三刀第 2 動「提膝反圈」等均屬獨立步。

12. 上步

一腿邁進一步為上步。如「上步七星」。

13. 進步

兩腿交互邁進兩步以上為進步。如「進步圈扎」動作。

14. 退步

亦稱卸步。一腿後撤或兩腿交互後撤為退步。如「退步跨虎」「退步護左」和「獅子搖頭連三擺」等動作。

15. 撤步

一腳後退一步，另腳隨之後退半步。如「撤步左攔、撤步接刀」等步法。

16. 跟步

指後腳向前上一步，前腳隨之進半步落於其後，或進一步或併步。本套路中之「跟步托架」和「跟步推刀」即是。

17. 扣步

兩腳錯步站立，前後腳相距約一小步，大腿內旋，前腳尖內扣，後腳跟對正前方屈膝微蹲。左腳在前為「左扣步」，右腳在前為「右扣步」。如本套路中「扣步攔推」步法。

18. 叉步

同歇步。

19. 併步

兩腳靠攏併齊，兩腿直立或微蹲。如「預備勢」和「併步橫刀」即是。

步型、步法是刀法中的下盤功夫，若腿腳失度，根基不穩，那麼中、上盤功夫就難於發揮。

因此，對步型、步法必須按規矩下工夫練習。本太極刀的步型、步法特別注重虛實分清，而且還要求實中有一點虛，虛中有一點實，猶如太極圖陰陽魚的魚眼，陰中有點陽，陽中有點陰，是謂「腳踩太極圖」。實腿為軸，虛腿以能在身型不變的情況下隨意起落進退，轉換輕靈，毫不費力。這樣可使足三陰經和足三陽經得到良好的鍛鍊，並與上肢經絡循環通達，調節內臟植物神經。

兩腿之虛實變換，好比兩個水桶只有一桶水，來回倒騰。養生歌曰：「葫蘆巧，葫蘆巧，兩個葫蘆來回倒，葫蘆裡邊有金丹，服之長生永不老，也不大，也不小，寸口乾坤都裝了。」這種虛實來回倒的左右交替運動，尤其對大腦的保健大有益處。這又叫上下交替、左右交替、體腦交替運動，被當今體育科學界稱為「健身絕招」。由此可知，正確的步型與步法對於健身和擊技，都有重要意義。

第三節　太極刀的腿法

太極刀，不僅用刀，而且用腿，叫「刀加腿」。腿法，是指用腿進行攻擊的方式方法。腿，包括腳、膝、胯三節。三節都可以用於攻擊。

「遠腳、近膝、胯貼靠」是指距離稍遠用腳踢、近處用膝頂、貼近身體用胯靠。通常情況用腳較多，如踢、蹬、踩、跺、裡合、外擺等。踢用腳尖，蹬用腳跟，踩用腳掌，跺用腳外側，裡合拿腳當手掌用，外擺用腳面甩擺，視臨戰實況，見機施腳，靈活運用。

除此以外，還有含而不露的暗腿，就指虛腿隨時可以抬起攻擊，這叫「死學活用」，不受套路動作次序的限制。腿法可以單操，如「十路彈腿」「教門彈腿」「臨清彈腿」、戳腳等，都是專練腿法的。腿法用處很廣，如使用得當，其威力要比手臂大得多。因腿比臂長，腳比手勁大。

在運用腿法進行攻擊中，支撐腿的作用尤為重要。「要想踢得狠，實腿先立穩」，如果支撐腿自立不穩，則一切腿法皆不好使。所以，立穩，是施展腿法的基本功夫。立穩，在太極拳運動中稱為「中定」，俗稱「栽樁子」，要想用好腿法，須先掌握好中定樁功。

太極刀所用的腿法並不算多，但有些特別。例如「披身斜掛鴛鴦腳」的腳法，其特點之一是連發兩腳，特點之二是第一腳側身橫踹，第二腳正身直踢，難度很大。鴛鴦腳就是陰陽腳，中國漢字筆畫橫平為陰、豎直為陽，這叫文武一理。鴛鴦為水鳥一對，鴛為雌性，屬陰；鴦為雄性，屬陽，

正好與此腳法「名副其實」。

鴛鴦腳的做法，在左打虎式後，左腿支撐不動，起右腿側身向右側方橫踹，接下來右腿屈膝回收，右腳懸垂不落；與此同時，左腳尖裡扣，身體立直向右扭轉 90°，隨即獨立拍踢。

做此動作，既要穩當，又要利索，並有節奏感。可和著發腳的節拍，默念「一、二」則可順利完成動作。

「二起腳來打虎勢」的二起腳，就是獨立拍踢完事，非「二起飛腳」或「二起蹦子」，如跳起來踢打等腿法。因其難度很大，故未採用，但這種常識還是應當知曉的。

「左右分水龍門跳」中之「踢腿撩刀」，並非直踢，而是幅度較小的裡合腿。其用法是，設對方進中平槍直來，我起右腿裡合，以腳掌將其來槍撥離中線，隨以刀刃撩擊對方持槍之腕、臂，腳在刀先，刀在腳後，腳踢刀撩，到位略有時差，習者須明此特別之處。

「七星跨虎交刀式」中「上步七星」一動，右腳含有蹬對方臏骨之意。此動本為上架下蹬、手腳並用之勢。上有形，下有意，此為「暗腿」。

蓋踩，指後腿越過前腿、腳尖外擺，以腳掌向前踩踏，攻擊對方的脛骨及足趾。在「玉女穿梭八方勢」中之「蓋步剪腕」左右勢，各有一腳蓋踩。此動既是腳法，也屬步法，是步法中寓腿法，腳法中顯步法，統稱腳步法。

在拳術中有「手為兩扇門，全憑腿迎人」及「南拳北腿」之說。其實是「頭、肩、肘、手、胯、膝、足」處處皆可用於攻擊，在近身攻戰中，惟腿法威力較大，故應好好練腿。

第四節　太極刀的手型手法

「單刀看手」。太極刀為單刀。在演練時，一手執刀，另一手隨刀法變換而做伸縮、開合、纏繞等配合，以助刀勢。所謂「單刀看手」是指右手持刀，左手配合持刀手的運動，兩手相望相助。

這是臨敵近身時使用另一手的作用。使單刀時，左手必須追隨右手腕，與之配合，或按刀背，或置頭頂上方，意在對敵之時作換把用。「內行看門道，外行看熱鬧」指內行看兩手，外行只看刀。

太極拳家是既看陰面、又看陽面；既看有形、又看空間。現代科學家也是，既看正物質、又看反物質；既看有形之物、又看無形之物。孤陰不生、孤陽不長。

空手與刀是相輔相成或相反相成的，有時空手起主要作用。空手的作用甚至重於持刀手，因為動作的標準與否、協調與否、美觀與否，全在於空手的配合，故說單刀看手，如果只看刀，那叫片面性。

應該是執刀手和空手都看，方為全面。比如撬杠，一頭下壓，另一頭撬起；又如兩臂搖擺，一手甩向身前，另一手甩向背後；再如擰麻花，一頭正擰，一頭反擰，兩手分有分力，合有合力。

刀法的變換與空手的配合，其實就是運動力學作用的變換。這些道理，只要結合各刀式動作一聯想，便可豁然貫通，舉一反三可觸類旁通，由外行變為內行，無須一一類舉。

太極刀的掌、鉤、拳。

掌法

也是手法之一，即以掌攻擊演用之法及與刀配合之法。單以掌而論，其掌沿、掌心、掌背、掌根、掌指各有側重。掌沿主砍、削、劈、截；掌心主撲、扣、按、搨；掌背主摔、揮、提、抖；掌根主推、拓、掖、撞；掌指主穿、插、挑、兜。此為五行掌法。

太極刀的配合手，通常為虎口大張的手型。有時變鉤，有時攥拳頭。手心為陰面，手背為陽面，因手三陰經走手心，手三陽經走手背。手心朝裡朝上，稱為陰掌，手心朝外朝下，稱為陽掌。另一方面是，手心朝天時稱為托天掌，手心朝地時稱為按地掌，手心朝側後稱為推山掌，手心朝左、指尖朝上為側立掌。雖名目繁多，但都隨刀法的變換而變換。掌與刀相繫相隨，協調配合。

鉤法

又稱鉤捋手。太極刀的鉤手，一般都是左手虎口大張，先朝前刁住對方槍桿往側後捋帶，而後手指捏攏，指尖朝上變為鉤型。凡鉤手都是先抓捋，後變鉤。

拳法

即以拳頭擊打之法。攥拳的方法是先從小指到食指，一個一個依次往裡卷，然後大拇指壓在食指與中指的中節，但並不攥緊，而是空心拳。空心拳的力在拳的外圍，使人摸上去覺得沉乎乎的。只有在拳頭接觸到對方的要害處時才往緊裡一攥，這樣的拳擊法滲透力很強，易致對方內傷。

本套路中左右打虎式配合手都為拳頭，拳、掌、鉤，都是刀的好幫手，不可或缺。

第五節　太極刀的眼神

俗話說，「刀乃俠盜使」。可是，單刀遇長槍，也覺得很難對付。所以，執刀者須從最困難處著想，方可保命存生。欲立不敗，首靠眼神。「眼神練得精，制敵佔上風」。要嚴密監視對方的一舉一動，上中下、左右中，顧住三前盼七星，打量對方長短處，揚我之長展刀魂。要用眼神盯住對方兩眼。眼為心之苗，心怎麼想，眼怎麼動，盯住兩眼管全身。若對方先舞動手腳或亂耍花槍，亂吼亂叫者，那是恐嚇，或為自己壯膽。我應神定氣靜，勿被假象所迷惑，不要因為對方害怕反而自己發愣。

若對方虛晃一槍回頭就走，此屬佯敗，佯敗不可追，追時須穩重，冒失易上當，提防回馬槍。槍杆子雖長，但木杆經不住刀砍。所以，刀見槍來，則與其交十字。左撥右打，上架下截，硬擋硬磕，猛砍猛劈。刀如猛虎，虎虎生風，敢字當頭，「摧枯拉朽」，眼快刀疾，以神壓敵，眼到刀到，刀神合一。此為用眼神的基本法則。

第 ② 章

太極十三刀的刀法及用意

第一節　太極刀的刀法

刀法，就是用刀體攻擊敵人、保護自己的方式方法。練刀必須得法，要懂得刀點。刀術的每一動作，每招每勢的技擊作用，是攻是防，或攻防兼備，還是單純性防護，心裡必須清楚明白。要會練會用，還要熟練精巧，能靈活應變，否則就是盲修瞎練。現將各種刀法分述如下：

一、攻擊性刀法

1. 劈　刀

劈也是主要攻擊性刀法之一。諺曰：「刀劈劍刺。」刀由後上向前下直落為劈，力達刀刃，臂與刀成一直線。劈刀時要求鬆肩伸臂，刀、身一體。

劈刀似以斧劈柴，「勢如破竹」。以刃口由上向下劈擊敵之頭、肩、手、臂或槍、棍等器械。雙手舉刀下砍也是劈法之一。

掄劈刀除沿身體左側或右側畫圓掄劈外，還有左斜劈刀、右斜劈刀等斜劈法。劈刀是單刀中的主要刀法之一。

　　劈刀的意念要先想刀背粗，後想刀刃細，如此可增大刀的殺傷力度。再就是意想左手虎口大張，盡量往後分張，高與耳平。

2.甩　刀

　　甩刀指向側後斜劈的動作。即刀身猛向左後或右後斜劈之勢。

3.撩　刀

　　撩刀是主要攻擊性刀法之一。刀刃由後下向前上方或後上方掄弧為撩，力達刀刃前部。正撩刀前臂外旋，手心朝上，刀由身體右側貼身弧形撩出；反撩刀前臂內旋，刀由身體左側貼身弧形撩出。

　　劈刀與撩刀是一正一反，一陰一陽。由上向下為劈，為正，為陽；由下向上為撩，為反，為陰。

　　撩刀之勢，如提著籃子往前上或後上甩出去。撩刀須手腕轉變靈活方盡其妙，而手腕靈活轉變的關鍵在於前臂的內旋或外旋。若前臂不旋，手腕是轉不動的。正撩取弓步，反撩取虛步。

　　撩腕花屬軍刀舞花之一。又名「提撩花」。刀體低垂，以右腕為軸，沿身體右側反手向前、再向上撩轉，速度快而勻。當以右腕為軸掄「提撩花」時，須意想右肘裡外側之曲池穴，這樣手腕才靈活。如你想手腕，手腕反而僵滯。撩刀也要意想刀背粗、刀刃細，以增大刀刃的殺傷力度。

4.砍　刀

砍刀是主要的斜向攻擊刀法之一。刀刃向右下方或左下方斜劈為砍。發力於腰、臂，力達刀刃中部。砍刀之勢如投石砸物狀，亦似以斧砍樹。砍有砍頭、砍肩、砍臂、砍腿等多種砍法。正面、側面、左右、上下大殺大砍，如狂風大作，摧枯拉朽，不拘一格。

5.斬　刀

斬刀是主要攻擊刀法之一。刀刃朝左（右）或向左（右）橫砍為斬，高度在頭肩之間。發力於腰、臂，力達刀刃，臂伸直。「斬」與「砍」同義，但斬法短擊，以斬梢攔擊區別於大劈大砍，故在運動中幅度較小，發力緊湊，力達刀刃前端。

6.剁　刀

剁刀指向前下劈砍的動作。剁者，刀身猛然向下之勢，用力急落為剁，刀刃平剁。剁刀以刀刃由上而下將物壓折而切成兩段，勢如閘門突然墜落，以慣性力自上而下剁擊敵之頭、肩、臂、腿，並以左掌按住刀背下壓之。剁刀為刀身剁或刀頭剁。步法以仆步或弓步均可。

7.掃　刀

掃刀是主要攻擊刀法之一。刀刃朝左（右）或向左（右）橫砍為掃，力達刀刃。掃刀既有下盤掃，也有上盤掃。下盤掃為橫砍膝下，上盤掃為砍頭抹脖子，如「橫掃千

軍」式。旋轉掃要求旋轉一周或一周以上。

掃刀分正反兩種。正手由右向左為正掃；反手由左向右
為反掃。一般多結合轉體掃刀。

8.扎　刀

扎刀是主要攻擊刀法之一。「刀以槍為扎」，主要是刀
尖向前直刺。發力於腰、臂，刀尖與前腳合進，臂與刀成一
直線，身、臂、刀貫通一體。扎與刺同義，但習慣用語中，
刀槍為「扎」，劍稱「刺」，棍稱「戳」。扎刀分為上、
中、下三種不同高度的扎法。上扎刀刀尖高與頭平，平扎刀
高與胸平，下扎刀高與膝平。還有向後、向下至腳面的扎
法。此外還有圈扎、正扎、反扎。圈扎是以刀刃朝外，刀背
朝內，刀身扁平放置，以刀尖扎戳之；正扎是以刀背朝上，
刀刃朝下，直臂向前扎出；反扎是以刀背朝下，刀刃朝上，
屈臂向前推送。取弓步配合。

9.抹　刀

刀刃朝左（右），由前向左（右）弧形抽回為抹，力達
刀刃。旋轉抹刀要求旋轉一周或一周以上。左右手相配合，
協調一致。

二、攻防兼備性刀法

1.截　刀

截法，割斷之意，勢如拉鋸斷木。前臂內旋或外旋，使
刀刃斜向上或斜向下推伸為截。彼槍棍到近處以刀迎之為

截。截法一般用於截膝、腕，截槍、棍。常用的截法有橫截、豎截、左截、右截、上截、下截和後截等。使刀橫置，刀刃朝上或朝下，以刀刃截敵之臂或槍棍為橫截；引高刀柄，使刀尖下垂，截敵之內腕，左手虎口朝下，手臂靠近右肋為豎截；左截使刀尖朝上，先避開敵械，身向右移，刃向左截，如推銼之勢擊其臂、腕；右截要領與左截同，惟方向相反。上截刀斜向上；下截刀斜向下；刀尖朝體後為後截，左手附於右腕。取虛步、弓步均可。

2.推 刀

推刀是攻防兼備的刀法之一。刀尖朝下，刀刃朝前，左手挾於刀背前部，助右手用力向前推出為立推刀；刀尖朝左為平推刀。

3.裹腦刀

裹腦刀是攻防兼備的刀法之一。刀尖下垂，刀經左胯或右胯貼身往右後側翻腕反提刀柄，高舉過頭，忽矮身形，刀繞身一周，撤右步變壓刀式。過腦刀繞轉要先柔後剛（默念柔、柔、剛）。用力翻腕掄刀繞回，速度要快，刀在後繞時用力要柔，兩手動作配合要協調一致。當高舉刀時左手置於右腋下，目凝視前方。

三、防中寓攻性刀法

1.纏頭刀

纏頭刀是防中寓攻的刀法之一。右手持刀，刀尖下垂，

刀背沿左肩貼背繞過右肩，即朝相反方向繞轉。刀纏繞時，要貼身迅速轉動平掄，翻腕要用力，兩手必須配合協調。左手繞右腋下欲從背後去找左肩頭，右手繞左肩頭找右肩頭，先剛後柔。頭部要自然正直，不得歪斜，動作要連貫。「纏頭」與「裹腦」在動作上是一正一反。

在用法上，正架過頭的為「纏頭」，反架過頭的為「裹腦」。纏頭裹腦在單刀運用較多，故為單刀的特點。「纏」，以刀鉤槍棍隨其旋轉，用刀背粘連黏隨不離為纏。

纏法，如以條帶或繩索纏繞捆綁物體之勢。反提刀柄高過頭頂，經身前向左後纏至右後，再返回身前，即以刀繞身一周，是謂「纏頭過腦」。

若是反腕提刀從身前往右後、往左再返回身前，也繞身一周，即為「裹腦纏頭」。「過」為經過，「裹」係包裹之意，均為象形動作。

2.托　刀

托刀是防中寓攻的刀法之一。設對方兵器向我上中盤砍扎，我以刀刃向上迎敵時以腕或器械為托。

右手腕由外向裡翻，使刀刃朝上，由下橫向左（右）上方托起，高過頭頂。托刀貌似架刀，但用法各異，架刀一般用於架擋兵器，托刀是托擊對手手腕和前臂。

3. 架　刀

架刀是防中寓攻的刀法之一。刀刃朝上，由下向上推舉為架。刀高過頭頂，力達刀身，手心朝外或朝裡。架刀一般橫架於頭頂上方。手心朝外為正架，手心朝裡為反架。此

外，還有斜面上架對方兵器的。

4.藏　刀

藏刀是防中寓攻的刀法之一。右手持刀，刀尖朝前，刀刃朝下。刀體藏於右髖側，取弓步藏刀，又稱「夜戰八方藏刀式」。

5.扇　刀

扇刀如扇扇子，向左右橫撩或以刀背磕開敵器械，隨以刀刃進殺。

扇有橫扇、豎扇二法。如敵以槍、棍扎戳，我扇開對方槍棍，順勢推刀而進，此為橫扇。如敵向我面部、喉部扎來，我則立刀左打右撥，即所謂「撥打雕翎式」。

6.磕　刀

刀尖朝上，左右以刀背開器為磕。

7.掛　刀

掛刀是防中寓攻的刀法之一。刀尖由前向上、向後或向下、向右為掛，力達刀背前部。

上掛，向上、向後貼身掛出；下掛，向下、向右貼身掛出；掄掛，貼身立圓掛一周，用刀背向下、向後貼身畫弧為掛。前臂內旋，虎口朝下，刀緊貼身體左側為正掛；前臂外旋，手心朝上，刀背轉向下，刀尖向下、向後貼身右側為反掛。

四、防護性刀法

1.格　刀

刀尖朝下，刀刃朝外，向左右擺動格擋為格刀。如「獅子搖頭連三擺」。旋轉格刀要求旋轉一周或一周以上。格法在以刀、劍為代表的短兵器中，是主要的防護方法之一，古代曾把「格、洗、擊、刺」看做是刀劍的主要技術。格刀在傳統刀法中，有刀尖朝下，用刀刃或刀背向左或右格擋對方兵刃用法。同時，還有刀尖朝上（或斜向前上方），用刀身根部向左或向右格擋對方兵刃的用法。如左右滾格刀法。「滾」即在刀身垂直軸上向左或向右旋轉格擋，以形成迎擊力量。格刀時，用力以前臂加手腕為主，非上臂揮動。

2.帶　刀

帶刀是以刀尖朝前、刀刃朝外、由前向側後抽回為帶。向左側後回抽為左帶刀，向右側後抽為右帶刀。都要挺腕卷肘，力點由刀身根部前段抽帶。帶刀是一種防守性刀法。所謂「帶」是用己刀觸及粘黏對方兵刃，使之偏離中線。

3.滑　刀

用刀盤滑對方器械為滑。刀接觸對方器械即行滑動，一觸即滑。

4.提　刀

提刀是向上提拉刀柄的動作。提者，刀身倒提，如「倒

提垂柳式」。刀刃朝外、刀尖朝下為提。設對方槍、棍向我身扎戳，以刀背向外攔擋為提。

5.将　刀

将刀是順手把刀刃由上向斜下抽拉為将。将刀有正反、上下之分。其勢以刀橫置身前，手心朝上，使刀由右向左平移為正将法；手心翻轉向下，使刀由左往右平移為反将。引刀置身後，由下往上抽提，使刀背靠近脊背，刀刃朝後，刀尖下垂，此為上将刀；下将刀使刀背貼背，沿左肩由後向上、向前、向下、向身體右後方抽拉至右髖外側。左右手配合協調一致。

太極刀的刀法，是以太極拳的拳理拳法、陰陽哲理和技擊應用來進行培訓的。但又要保持刀術矯健、勇猛的特色，構成太極刀法的剛中有柔、柔中有剛、剛柔相濟的獨特風格。所以，在練好太極拳的基礎上練刀則如虎添翼。拳是器械的基礎，器械為手的延長。

第二節　太極刀刀環操作圖示

刀柄的握法，通常以右手單手握柄，左手空手配合，但有時則雙手握柄稱為「雙手帶」。雙手握柄時，左手在前，右手在後成陰陽把，與士兵端槍拼刺刀或舉槍射擊的握法相同。

另一類雙手使刀法則是右手握柄，左手食指、中指、無名指三個手指插入刀環內，變換刀法則以左手搖攪刀環來實現，猶如行船掌舵，也就是利用槓桿作用。因此，刀環內徑

直徑要有 3.5 公分，內沿須打磨光滑，以利操作活利。下面

圖1 預備勢舉刀

圖2 迎門劈頂

圖3 右上截

圖4 左上截

以圖示刀環操作。

圖5　右下截

圖6　左下截

圖7　掄劈刀

圖8　左後帶刀

圖 9　踢腿撩刀

第三節　太極刀運動怎樣用意

　　太極拳運動講究用意念。如拳論所云「以心行氣，以氣運身」「凡此皆是意，不在外面」，還有內外三合。

　　內三合是「心與意合、意與氣合、氣與力合」。其實心和意是一回事，都是人腦的思維活動，包括外三合即「手與足合、肘與膝合、肩與胯合」。雖說是外合，其實也是心意思維所支配下的三合。外三合也是重意不重形，找到合的感覺就是了。

　　用意念是有規律可循的，意念一般都在實腿一側的手上，因為此手與虛腿交叉相通，虛腿與虛手主動，實腿及與之相交叉的為實手，主靜。此手不放意念，腳底虛實一變，手上的意念隨之轉移，這叫「火候轉移」，這在過去是秘而

不傳。意念還可以放在實腿一側的腰上或實腿一側的耳梢上。但在一個時空點上只能意想一，不可意想二，想二就是雜念，一有雜念，就不產生內勁。道家叫「意念專一」；佛家叫「不二法門」。

　　每一個動作，有幾種能開發潛能的意念活動。但用時只想一，得一則萬事畢。依據「大道至簡至易」原則，茲將太極十三刀運動的每動意念，各點其一。

　　「預備勢」：意在心情安定、全身放鬆。

　　第一刀　七星跨虎交刀勢，分為8動。

　　1.「轉體上步」，意在右眼向左看。

　　2.「屈膝待發」，意在右手按地（勞宮吐氣）。

　　3.「左弓捌刀」，意在左腿放鬆。

　　4.「上步七星」，意在左腿內側（陰蹻脈）。

　　5.「右退護左」，意在鬆腰沉胯（環跳落地）。

　　6.「虛步橫刀」，意在右手托天（勞宮吐氣）。

　　7.「左弓掛刀」，意在左腿放鬆。

　　8.「右接左推」，意在蹬後腳（承山入地）。

　　第二刀　閃展騰挪意氣揚，分為4動。

　　1.「提膝滑刀」，意在左腰間。

　　2.「進步圈扎」，意在右腰間。

　　3.「跟步掤架」，意在開極泉穴。

　　4.「上步捋攔」，意在左勾捋手。

　　第三刀　左顧右盼兩分張，分為12動。

　　1.「右刀左掛」，意在左腿裡側。

　　2.「提膝攔刀」，意在右腰間。

　　3.「左弓推滑」，意在蹬後腳。

4.「叉步右攔」，意在左足跟。

5.「撤步左攔」，意在左手。

6.「點步右攔」，意在右腿內側（陰蹻脈）。

7.「弓步推滑」，意在蹬後腳。

8.「翻身後掛」，意在左手拽左耳朵。

9.「回身挳撩」，意在左勾挳手。

10.「右刀左掛」，意在左腿內側。

11.「提膝攔掛」，意在右腰間。

12.「左弓托扎」，意在蹬後腳。

第四刀　白鶴亮翅五行掌，分為 2 動。

1.「馬步上截」，意在敝膝而裏襠。

2.「提膝上推」，意在提睪丸。

第五刀　鳳卷荷花葉底藏，分為 2 動。

1.「叉步藏刀」，意在夾脊（膏肓穴）。

2.「轉身推扎」，意在右腿內側。

第六刀　玉女穿梭八方式，分為 14 動。

1.「沉刀壓砸」，意在鬆開肚皮貼右大腿根（氣衝貼衝門）。

2.「左仆挳刀」，意在左手向右後上扒。

3.「右蓋剪腕」，意在左腿裡側。

4.「翻身後掛」，神領意往右後方以遠。

5.「歇步藏刀」，意在提刀手。

6.「左弓扎刀」，意在左手托天。

7.「翻身圈攔」，神領意往身背後走。

8.「右弓藏刀」，意在提刀手。

9.「右蓋剪腕」，意在左腿裡側。

10.「翻身後掛」，神領意往右後方以遠。

11.「歇步藏刀」，意在提刀手。

12.「左弓扎刀」，意在左手托天。

第七刀　三星開合自主張，分為8動。

1.「轉身掠截」，意在右刀。

2.「提膝合掛」，意在左腰間。

3.「左右分扎」，意在左手。

4.「獨立掠扇」，意在左勾手。

5.「半馬下截」，意在開右腿。

6.「扣步攔推」，意在蹬後腳。

7.「轉身圈攔」，神領意往右後方走。

8.「右弓藏刀」，意在提刀手。

第八刀　二起腳來打虎勢，分為6動。

1.「左弓劈刀」，意在左掌與右腕相合。

2.「提膝交刀」，意在左腰間。

3.「獨立拍踢」，意在左腳蹬地。

4.「右弓打虎」，意在右拳尺側。

5.「左轉貫擊」，意在收肚臍。

6.「左弓打虎」，意在左手。

第九刀　披身斜掛鴛鴦腳，分為4動。

1.「右腳橫踹」，意在左腰間。

2.「獨立拍踢」，意在左腳蹬地。

3.「接刀上掤」，意在空胸虛腋（開極泉穴）。

4.「掠手圈攔」，意在左腰間。

第十刀　順水推舟鞭造篙，分為4動。

1.「跟步推刀」，意在收腹涵胸。

2.「轉身圈攔」，意在向右後追尾（回顧尾閭）。

3.「右弓藏刀」，意在提刀手。

4.「扁刺亮刀」，意在左掌按地。

第十一刀　左右分水龍門跳，分為8動。

1.「閃步左捋」，意在舉刀手。

2.「馬步橫刀」，意在敞膝而裹襠。

3.「左抹右扎」，意在丹田。

4.「左弓劈刀」，意在左手推刀背。

5.「右轉推刀」，意在蹬後腳。

6.「馬步翻劈」，意在兩腿外側（陽蹻脈）。

7.「踢腿撩刀」，意在左腳蹬地。

8.「左弓撲劈」，意在左手推刀背。

第十二刀　下勢三合自由招，分為4動。

1.「右撲壓刀」，意在右腳。

2.「披身斜截」，意在蹬右腿。

3.「提膝下掠」，意在收腹涵胸。

4.「左弓劈刀」，意在左手托天。

第十三刀　卞和攜石鳳還巢，分為6動。

1.「轉身圈刀」，意在左手向左後扒。

2.「提膝反圈」，意在提睪丸。

3.「勾手平抹」，意在左後勾手。

4.「右弓攜刀」，意在右腿內側。

5.「撤步接刀」，意在膝蓋後躲。

6.「轉體還原」，意在右手右擺。

第四節　定型太極刀（單背劍）的構造

太極刀的長度，約為垂臂抱刀時刀尖齊本人耳尖為宜。但無固定要求。有人喜用長刀，即刀尖觸地，刀環齊本人心口窩，認為長刀更威武。學者可按自己喜好選擇。

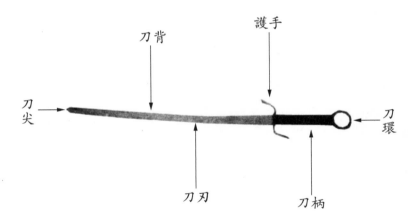

第 **3** 章

太極十三刀分解動作圖解

第一節　太極十三刀分解動作名稱

預備勢

第一刀　七星跨虎交刀勢

1. 轉體上步
2. 屈膝待發
3. 左弓掤刀
4. 上步七星
5. 右退護左
6. 虛步橫刀
7. 左弓掛刀
8. 右接左推

第二刀　閃展騰挪意氣揚

1. 提膝滑刀
2. 進步圈扎
3. 跟步掤架
4. 上步捋攔

第三刀　左顧右盼兩分張

1. 右刀左掛
2. 提膝攔刀
3. 左弓推滑
4. 叉步右攔
5. 撤步左攔
6. 點步右攔
7. 左弓推滑
8. 翻身後掛

9. 回身捋撩
10. 右刀左掛

11. 提膝攔掛
12. 左弓托扎

第四刀　白鶴亮翅五行掌

1. 馬步上截

2. 提膝上推

第五刀　風卷荷花葉底藏

1. 叉步藏刀

2. 轉身推扎

第六刀　玉女穿梭八方勢

1. 沉刀壓砸
2. 左仆捋刀
3. 右蓋剪腕
4. 翻身後掛
5. 歇步藏刀
6. 左弓扎刀
7. 翻身圈攔

8. 右弓藏刀
9. 右蓋剪腕
10. 翻身後掛
11. 歇步藏刀
12. 左弓扎刀
13. 翻身圈攔
14. 右弓藏刀

第七刀　三星開合自主張

1. 轉身掠截
2. 提膝合掛
3. 左右分扎
4. 獨立掠扇

5. 半馬下截
6. 扣步攔推
7. 轉身圈攔
8. 右弓藏刀

第八刀　二起腳來打虎勢

1. 左弓劈刀

2. 提膝交刀

3. 獨立拍踢
4. 右弓打虎

5. 左轉貫擊
6. 左弓打虎

第九刀　披身斜掛鴛鴦腳
1. 右腳橫踹
2. 獨立拍踢

3. 接刀上掤
4. 掠手圈攔

第十刀　順水推舟鞭造篙
1. 跟步推刀
2. 轉身圈攔

3. 右弓藏刀
4. 扁刺亮刀

第十一刀　左右分水龍門跳
1. 閃步左捋
2. 馬步橫刀
3. 左抹右扎
4. 左弓劈刀

5. 右轉推刀
6. 馬步翻劈
7. 踢腿撩刀
8. 左弓撲劈

第十二刀　下勢三合自由招
1. 右撲壓刀
2. 披身斜截

3. 提膝下掠
4. 左弓劈刀

第十三刀　卞和攜石鳳還巢
1. 轉身圈刀
2. 提膝反圈
3. 勾手平抹

4. 右弓攜刀
5. 撤步接刀
6. 轉體還原

第二節　太極十三刀分解動作圖解

預備勢

面朝南，兩腳平行併立，兩腿伸膝立直，二目向前平視；鎖骨放鬆，心胸舒暢；左手反握刀柄，刀刃朝前，刀環朝下，拇指按壓於護手前上面，餘指回屈勾握護手；右手鬆垂於體側，手心貼於右大腿外側；全身放鬆，神舒體靜，心情安定（圖1、圖2、圖3）。

【理法說明】

預備勢的做法，應根據當時所處的場合與情況的不同，可簡可繁，可粗可精。例如上場表演、參賽、對練等都有時間的限制。此時，只要兩腳併齊，意想陰陵泉相貼，二目向

圖1

圖2

圖3

前平遠視就行。如果只是個人練習，就應當力求精細，精心修煉，按著三方面的要求來做。

第一要使全身肌肉放鬆。肌肉放鬆在內是五臟六腑放鬆，在外是皮膚肌肉放鬆。放鬆的方法是，凡是用不著的肌肉都讓它休息，肌肉放鬆筋自長。當二人交手時，在同樣身高臂長的條件下，誰的筋比對方長半寸，誰就能取勝。諺云：「寧練筋長一寸，不練肉厚三分。」由此可知，放鬆肌肉是為了實戰。

第二是骨節拉開。要使四肢脊椎骨節對拉拔長。骨節拉開後，骨節間會有蠕動感，這叫做骨節通靈。骨節拉開，動作才靈活。

第三是毛孔要擴大。人身體表的毛孔，意想其猶如天上的繁星，閃閃發光。這是一種意境，進入此意境則內外氣相通，可提高皮膚對外物感覺的靈敏度，同時也會提高實戰的快速反應能力。

預備勢又名無極勢，即陰陽未分的混沌無極。具體體現在體重平均落在兩腳的全腳掌，兩腳底板全著地面，不分虛實。若一隻腳的前腳掌實、後腳掌虛，或一隻腳實、另一隻腳虛。那都是陰陽已分。也就是由無極變為太極了。拳經云：「動則分陰陽。」預備勢未動，腳底虛實未分，則為混沌無極。找到感覺就得。

預備勢又名中定勢。人體的中心點在肚臍，肚臍既與上下齊，也與左右齊，所以肚臍的「臍」就是肉體的上下左右的中點。人體是個小宇宙，臍以上為天，天空，臍以下為地，地實。

用意念觀想肚臍與命門的橫連線為地平線，就能穩定重

心。守住此「地平線」，無論任何外來干擾都不會動搖，自會產生固守陣地的生物防衛反應，應物自然，這叫做「一覺獨照，萬籟俱寂」。這就是以一念代萬念，以不變應萬變，得此一則萬事畢。找到感覺就得。

以上介紹了幾種預備勢練習法，習者可視情況任選一種。

預備勢有兩種偏向是需要防止的。其一是習者缺乏「舞臺」經驗而緊張、怯場。這時應沉住氣，使頭腦保持清醒，平時怎麼練就怎麼做，以免影響技術的正常發揮。其二是不懂儀規，滿不在乎，這會留給觀眾一個不良印象，以致影響全局的評價。習者應避免。

第一刀　七星跨虎交刀勢

【命名釋義】

此式由太極拳套路中的「上步七星」和「退步跨虎」二式以及左右手交接刀動作組合而成。

「上步」，腳步向前挪移一步為上步（前移兩步則為「進步」）。

「七星」，指分別處於人體之頭、肩、肘、手、胯、膝、足七個部位的百會穴、肩井穴、曲池穴、勞宮穴、環跳穴、陽陵泉穴、湧泉穴七個穴位，稱為「七星」。

「退步」，腳步向後撤退即為退步。

「跨虎」，即跨虎步。一腿屈膝蹲坐，另一腿提膝，腳尖虛點地面。

「交刀」左手刀交於右手，右手接握刀柄，左手變為掌。

【分解動作】

第1動　轉體上步（向左轉體，向前上步）

目向左視，頭向左扭（俗稱變臉），頭轉帶身轉，身轉帶步換（步隨身換）；右腳前出半步，腳尖裡扣90°踏實；左腳向右腳靠攏併齊。面朝正東，目平視前方（圖4）。

圖4

【動作要領】

眼神先走，向左看。太極拳諺云：「身為主，眼為先，眼神一走周身轉。」

【常見錯誤】

做這一動作常見的錯誤是：低頭看地面，邁步如過澗石，缺乏武術運動應有的精、氣、神和敵情觀念。出現此毛病的原因有二，其一是習者未遇明師嚴教；其二是習者本身未悟透此動的要領和作用。

【動作難度】

此動是上步左轉。乍看起來，如步兵隊列的向前一步走、半面向左轉，動作比較簡單，其實是有難度的。因為人體向右轉體容易，向左轉體難。這是由人體生理結構的特殊性決定的。因為人體左半身屬陽剛，右半身屬陰柔，左剛右柔是由於內臟排列布局不對稱所致。如左肺為兩葉，右肺則為三葉。當你單用左鼻孔吸氣時，感覺胸悶，堵得慌，向左轉體較向右轉體難度大。而用右鼻孔吸氣，則感覺舒暢愉

快。心臟位在中間偏左，且不停地跳動，還有胃大彎也偏左，且不停地蠕動，左腎又比右腎高等等。

由於以上諸因素，決定了人體向右轉容易，向左轉難。那麼，怎樣克服這一難點呢，眼神向左看則迎刃而解。因眼神向左看時，左半身自然會放鬆柔活，向右看則右半身柔活，這在現代科學叫做狀態反射。所以此動作的要點是：在未動步之前眼向左看。

【技擊作用】

設左方出現敵情，準備迎戰。

第2動　屈膝待發（右腿屈膝，左刀待發）

右手心按地，屈右膝、矮身形向下蹲坐，尾骶骨對正右腳跟，提頂鬆胯；同時，左腳前出半步，腳掌虛著地面。目平視前方（圖5）。

【動作要領】

右掌按地，並非要求右掌按在地上，而是意想掌下即是地面。為何右掌按地為此動要點呢？因右手與左腳交叉相通，右掌一按地，左腳便會自動前出半步，這是右手操縱左腳，如同槓杆作用。

【技擊作用】

此為準備迎戰的待發狀態。

第3動　左弓搠刀（左膝前弓，左刀上搠）

蹬右腳催左腳再進半步，左膝微屈，重心前移至左腿，但左腳卻不踩實，訣云「走路不傷螻蟻命」；抬左手，向前上方舉起刀柄，含架槍護頭之意，訣云「愛惜飛蛾紗罩

圖5　　　　　　　　　圖6

燈」。此動是將對方來槍喻為「飛蛾」，我刀柄為「紗罩」，我頭面為「燈」，如入此意境則產生掤勁。目注視前方（圖6）。

【動作要領】

左腿（實腿）鬆腳腕、鬆膝、鬆胯，然後意注左腰間。如此可使左腳底重裡現輕，實中還有點虛，陰中有點陽，如太極圖之陰魚有隻陽眼。這樣，腳底太極圖出現，而手上、刀上則太極勁產生，且掤勁很大。

【技擊作用】

設對方進步上槍。我隨進步、進身，起刀柄掤架格擋，以保護頭部。

第4動　上步七星（右腳上步，右掌上擎）

左腳踏實，右腳前出於左腳前，腳跟虛著地面，腳尖翹

起；同時，右手從左手下伸
出成立掌，虎口大張（單刀
看手），兩腕交叉，兩手形
如二龍升天，又像一個丫口
朝天的支架。支柱在左腳往
上至左腰間。這就是此勢的
中定所在。目視前方（圖
7、圖8）。

圖 7

【動作要領】

「上步七星」又稱為
「上步騎鯨」。此勢猶如坐
騎在鯨魚背上似的，小心翼
翼，立求平衡，生怕滑落於
深海之中。這是一種意境，
進入此意境，上步七星的功
夫才能上身。這樣才有此動
的技擊應用效果。其關鍵是
尾骶骨對正後腳跟，兩肘
尖如翅欲飛，開腋下極泉
穴。

圖 8

【技擊作用】

上掤對方來槍，下踢對方前腿。防中有攻，攻防兼備。

第5動　右退護左（右腳後退，刀柄護左）

右腳後撤一步，重心右移成右實左虛七三開的半馬步；
同時，右手擺向身體右側，手心朝前；左手刀柄沉落於左腿

圖 9   圖 10

外前側，前臂外旋。目視刀柄（圖9）。

　　【動作要領】

　　收肚臍，涵胸，鬆腰、胯，尾閭鬆垂，意想兩腿兩臂的外側。

　　【技擊作用】

　　設對方進槍刺我左腿，我隨向後撤步退身，並以左手刀柄向左下方畫弧，撥開對方來槍以護我左腿。

第6動　虛步橫刀（左腳回併，左刀橫平）

　　收左腳向右腳靠攏，腳尖虛點地面，右腿屈膝蹲坐，尾骶骨對準右腳跟；同時，右手揚起至頭頂上方，手心托天，虎口大張；左手刀柄屈肘回收，橫平於胸前成左抱刀式，刀刃朝外，刀尖朝左，以刀刃和刀尖迎擊敵近身處。身體偏側，縮小正面，目視左前方（圖10）。

【動作要領】

右手在上追左腳，左腳在下躲右手，這叫追尾。如同太極圖中間的「Ｓ」線，互追互躲。如此橫刀的刀刃，刀尖才起技擊作用。

【技擊作用】

設對方身體貼近我身，我隨橫刀以刀刃、刀尖傷及彼身。

第7動　左弓掛刀（左膝前弓，刀柄上掛）

上左步，左膝前弓，右腿伸直；舉左手，以刀柄向前上方格掛，高與頭平，左手與左腳上下對正。目視前方（圖11）。

【動作要領】

進步、進身、舉刀柄。形如頂風冒雨行進，舉傘遮風擋雨。

【技擊作用】

設對方又進步上槍刺來。我隨舉起刀柄，接住來槍向左後掛引，使其落空。與此同時，進步進身，此為「引進落空」，邊引邊進，將其來槍引空了，我進身了，以利近身攻戰。又好比對方打我耳光而我先進頭護耳，他就打不著了。這是以短對長的妙術。

圖11

第8動　右接左推（右手接刀，左手前推）

右手前伸接握刀柄，騰出左手虎口大張，又於右腕向前推送；右腿蹬直。目視兩手前方（圖12）。

【動作要領】

1. 先以鼻尖對準前腳大趾甲，後以尾骶骨對準後腳跟。

2. 前腳欲往前進，雙手欲追前腳。

【技擊作用】

用刀柄、刀環撞擊對方槍杆和持槍手臂及其頭面部。

圖12

第一刀共8動，全是防護動作。內家拳家在應敵時講禮讓（「讓人一步天地寬，忍耐一時是神仙」），但這並非軟弱可欺，而是柔中寓剛，敢於不先出手，是謂「後發制人」，善於化解對方來招以柔克剛，以巧制拙。但是讓人不過三招，第一讓意在同是武林中人，何必「相煎」，第二讓的意思是我尊重他那個門派，若讓第三招，則是蔑視對方不識抬舉而加以戲弄之，一旦還招反擊則舉手不留情。

第二刀　閃展騰挪意氣揚

【命名釋義】

「閃展騰挪」為太極拳術語，指拳式將動未動時，要以精、氣、神貫於肢體各部。其具體要求是，拳式雖未動，但

精神團聚，意無散漫之意；腹內鼓蕩，一氣貫串，周流全身。有動之意而未動，即預動之勢，謂之騰挪。

「閃展」為閃避彼實，迅擊彼虛之意。

此外，「閃展騰挪」之稱謂，也為武術基本要求。「閃」即避閃，閃躲；「展」即張開或放開；「騰」即跳起或跳躍的意思；「挪」是移動和行步的意思。無論在較技或套路演練中，閃、展、騰、挪都是最基本的專項素質和專項技術內容。

「意氣揚」是包含了神、氣、勁、法而鬥志昂揚。應該說它是神、意、氣、勁法鬥志昂揚的動作。習者體察之。

【分解動作】

第1動　提膝滑刀（右膝提起，右刀下滑）

左腿伸膝立直，右膝提起；同時，左手向左扒，右手刀向右下滑移，刀刃朝外，兩手分爭成提膝下截式。目視前下方。此勢又名「提刀探海」（圖13）。

【動作要領】

1.左耳稍上提，立住左腰，以求中定。

2.配合手與持刀手向下滑落、兩相分張。

3.收肚臍、涵胸，右膝提起找心口窩。

【技擊作用】

設對方進下槍刺腿腳。我隨提右膝避閃，同時，右手刀向下滑落格開來槍，或截其槍杆及持槍手臂。

第2動　進步圈扎（右腳進步，右刀圈扎）

右腳向右前方落步，隨屈右膝前弓；左腳隨向右橫移半

圖 13　　　　　　　　　　　　圖 14

步，成右弓箭步（此為閃身挪步）；同時，右手刀尖向左前
圈扎（閃刺脅肋）；左手虎口又於右腕後合力推刺。目視刀
尖（圖 14）。

【動作要領】

身往右閃，眼向左看，刀尖追眼神，刀神合一。

【技擊作用】

此動為武術仿生學，學的「貓竄狗閃、兔滾鷹翻」。又
如常山之蛇，擊其首則尾應，擊其尾則首應，擊其當中則首
尾相應。彼攻我左，我攻其右，彼攻我上，我攻其下，既騰
挪，又閃展，攻防兼備。設對方中平槍刺來，我一閃身以刀
尖刺其脅肋。

第3動　跟步掤架（左腳跟步，右刀上架）

左腳跟進至右腳旁，腳尖虛點地面為丁虛步；與此同

圖 15　　　　　　　　　　　　圖 16

時，右臂內旋，翻手腕使刀刃朝上橫於頭頂前上方；左臂內
旋向上抬起，以肘後部搠架刀背。目視前方（圖15）。

【動作要領】

涵胸拔背，腋下空虛。右臂內側與左腿內側相吸相合。

【技擊作用】

設對方上槍向我頭部劈砸，我隨起橫刀上架，以刀刃截
其來槍及手臂。刀與彼槍交成十字，橫可破直，攻防兼備。

第4動　上步捋攔（左腳上步，左捋右攔）

上左步，左膝前弓，右腿伸直；同時，出左手，向前刁
捋至身背後成勾捋手，五指捏攏空手心，指尖朝上；右手揮
刀繞過頭部一圈，向左前方攔腰平斬，刀刃朝左。目視正前
方（圖16）。

左手盡量向身背後勾捋，右手刀在頭頂上方平圓繞環為頭頂雲刀，是以腕關節為軸繞圓，非裹腦刀。因裹腦刀刀體要繞過身背後的，無此必要。

【技擊作用】

（接上動）左手刁捋對方槍杆，進步進身，右手揮刀照對方腰間攔腰平折。

第三刀　左顧右盼兩分張

【命名釋義】

「左顧右盼」指的是眼神的運用和刀法與眼神的配合。即目左刀左，目右刀右，刀、目合一而動。太極拳運動的秘要，就是眼神先走，手追眼神。神走、意追、氣催、勁到。手代表意，刀是手的延長，刀也代表意。各種刀法，也就是各種意想法。在技擊應用中，施用刀法殺敵，要穩、準、狠，就是看準了再出刀，不可盲動。比如射擊打靶，沒有瞄準就摳扳機，只會浪費子彈。

眼神也是一隻無形的手，用眼神盯住對方的兩眼，可彌補手的不足。看他一眼，要嚇他一跳，叫做神打。

「左顧右盼」有多層含義。如左看看，右看看；顧近處，盼遠方；左顧木（直勁），右盼金（劈砍剁）；顧住三前盼七星。「三前」指眼前、手前、腳前及對方的上、中、下三盤，主要的是對方的兩眼、兩肩、兩胯，一投眼就要看透他。眼為心之苗，看他的眼神，便知其心思。只要盯住對方兩眼，即可管其全身。觀其兩肩管其兩臂（因其動手臂前肩先動），觀其兩胯管其兩腿（動腿腳前胯先動）。不被對

方要花槍所迷惑，這是量敵、偵察、監視的功夫，知己知彼方可百戰百勝。在生死搏殺關頭、不勝必敗、敗必死。「不打你勤，不打你懶，專打你沒有眼」，是說運用眼神的重要性。「七星」，指頭、肩、肘、手、胯、膝、足七個部位。這七個部位皆可用以攻擊，同時也會被攻擊。哪處接近打擊哪處。

「兩分張」有兩層意思，其一是向左右兩面分張，其二是反覆兩次分張動作，即防左上槍刺和防右下槍刺，同樣動作在套路中要連做兩遍的。同時也是刀與眼神的配合動作，即眼到刀到，刀眼合一，方為神刀。

「刀」屬短兵器。太極刀動作，是以專門對付長槍的難度而設計的，即從難從嚴，以實戰要求出發。即使單獨練習，也得無人處視若有人，單操也要比作對打。

【分解動作】

第1動　右刀左掛（右臂鬆沉，右刀左掛）

右手舉刀，刀尖朝上，立刀向身體左側格掛，右手腕裡裹，以刀背滾掛，護住身體左側；同時，上體微向左轉前傾，目左視。此為左顧（圖17）。

【動作要領】

1. 意想左腿內側，由左內踝往上到大腿根再往上到左腰間，這樣右刀左掛的效果就有了。

2. 左後勾手略向右移，是左掛刀的輔助勁源。

【技擊作用】

設對方槍向我左上刺來，我順勢以刀體接其槍杆往左後方掛帶，使來槍落空。這與野馬分鬃之「貓洗臉」的用法相

圖 17   圖 18

類似。

第2動　提膝攔刀（左膝提起，右刀格攔）

重心後移，右腿伸膝立直，左膝提起；同時，右手刀繞至右前方，刀尖朝下，刀刃朝外。目視右前下方，此為右盼（圖18）。

【動作要領】

1.尾骨端回找右腳跟並對準右腳跟，然後一想右腰，右腿就立穩了。

2.左腿追右臂，使左膝提起。

【技擊作用】

設對方槍刺我左腿，我迅即以刀體格攔彼槍。與此同時，左膝提起以躲閃來槍。

圖 19　　　　　　　　圖 20

第 3 動　左弓推滑（左膝前弓，雙手推刀）

左腳向右前方（東南）落步，隨即屈膝前弓，右腿蹬直；同時，左手虎口叉於刀背中部；右手鬆提刀柄，向左腳前推送。目視刀前（圖19）。

【動作要領】

左腳腕放鬆，膝鬆，胯鬆，即腳、膝、胯從下往上鬆，這樣可使後腿能蹬上勁，以加大刀體的前推勁。

【技擊作用】

以我刀體黏住彼槍杆，順勢用刀刃推銼彼持槍手指，並含追擊之意。

第 4 動　叉步右攔（左腿倒叉，刀向右攔）

左腳向右腳後背步倒插，腳尖著地；同時，兩手持刀向

右後格攔，刀尖垂於兩腳之間，與兩腳尖成正三角形；兩膝微屈。目視刀背（圖20）。

【動作要領】

刀體與後腳合，出右攔勁。

【技擊作用】

此為防右下來槍的格攔法。設對方來槍刺我右下方。我隨撤左步向右後背步倒插。與此同時，雙手提刀粘黏彼槍，向右後格攔引帶，使彼槍落空。

圖 21

第5動　撤步左攔（右腿後撤，刀向左攔）

左腳踏實，右腳後撤一步，右腿伸直成左弓步；同時，兩手持刀，向左格攔至左膝外側。目左視（圖21）。

【動作要領】

刀體向左攔時含有往後找右腳之意。如此出左攔勁。

【技擊作用】

設對方槍刺我左下方，我「動急則急應」，以刀體隨向左腿外側格攔，以護左腿。

第6動　點步右攔（左腳虛點，刀向右攔）

重心後移至右腿，左腳回收至右腳旁，腳尖虛點地面成丁虛步；同時，雙手持刀，向右後格攔至右膝外側。目右視

圖 22 　　　　　　　　　　圖 23

（圖22）。

【動作要領】

收肚臍使全身回縮。此為龜縮式的防護動作。

【技擊作用】

設對方來槍刺我右下方，我隨即撤步退身，以避其鋒，同時以刀體向右格攔，使其落空。

第7動　左弓推滑（左膝前弓，雙手推刀）

左腳向東南方邁進一步，隨即屈左膝前弓，右腿蹬直；雙手刀向左腳前推銼，意在刀腳合進。目視刀前（圖23）。

【動作要領】

右手鬆握刀柄，左手虎口大張，扶於刀背，側身推刀。前腿鬆，後腿蹬，左側腰、胯往前送。

【技擊作用】

設將對方右槍攔開，隨即進步推刀，力創對方的持槍手,且寓追擊之意。

第8動　翻身後掛（右後翻身，刀向後掛）

重心後移，右腳尖外擺，隨即屈右膝前弓；左腿蹬直成右弓箭步，身隨步轉，上體向右扭轉至面向正西方；同時，兩臂分展，左手向左後撐掌，高與耳平；右手刀向右掛劈，高與頭平。目視刀尖（圖24）。

圖24

【動作要領】

先走眼視，視線由前方（東南）移向正西方。身為主，眼為先，眼神一走全身轉。上體自然隨之向右後扭轉。步隨身換，右腳尖外擺，弓右膝，左腳尖裡扣蹬左腿。右手刀隨身翻轉，刀追眼神，向右後掛去。兩臂如鷹展翅，意在後手。

【技擊作用】

設對方進上槍刺來，我隨以刀體黏隨彼槍，向右後方掛去，使彼槍偏離中線。

第9動　回身挒撩（向左回身，左挒右撩）

右腳尖裡扣，左腳尖外擺，左腿屈膝前弓，重心移至左腿；右腳向外橫開半步，右腿伸直成左弓箭步；同時，上體向左扭轉至面朝正東方，左手向身背後勾挒，勾尖朝上；右手撩刀走下弧線，向前上撩擊，刀刃朝上，意在左手。此勢又名「撈月勢」、撩陰刀。目視刀尖（圖25）。

圖 25

【動作要領】

1. 身體左轉後使鼻尖對準左腳大趾甲，然後使尾骨端對正右腳後跟。

2. 意想左腿內側，使右臂自然與之相合成合勁、整勁。

3. 意想左腰，使身體重心穩定。

【技擊作用】

設對方抽槍後復進中平槍。我隨以左手刁挒其槍向左後挒帶，與此同時，轉身撩刀，以撩擊其臂、腿部位。

第10動　右刀左掛（右臂鬆沉，刀向左掛）

右手舉刀，刀尖朝上，刀刃朝左，以刀背向左格掛，護

圖 26　　　　　　　　　　　圖 27

住上體左側；同時，鬆右肩，墜右肘，右手腕裡裹，上體略
向前傾並向左側轉。目視刀背，意在左手（圖 26）。

　　動作要領與技擊應用同第 1 動。

第 11 動　提膝攔掛（左膝提起，右刀攔掛）

　　重心右移，右腿獨立，左膝提起；右手刀沿身體左側貼
身繞至右前方，刀尖朝下，刀刃朝前，意在後手。目視刀尖
（圖 27）。

　　動作要領及技擊應用與第 2 動基本相同。

第 12 動　左弓托扎（左膝前弓，托刀前扎）

　　左腳向前（正東方）落步，隨即屈左膝前弓，右腿蹬直
成左弓箭步；左手虎口叉於刀背中段，隨即向左腳前上方平
托，刀尖朝前，刀刃朝上，高與喉平；右手推刀柄，使刀尖

向前平扎。目視刀尖
（圖28）。

【動作要領】

進步、進身、進
刀；眼到、刀到、腳到
是謂「三尖相照，三尖
齊到」。

【技擊作用】

設將對方右槍攔開
後，隨起刀尖照對方上
盤之喉、肩、胸等處托
扎，且寓進步追擊之意

圖28

（劍稱刺，刀稱扎，都以鋒尖部刺扎對方）。

第四刀　白鶴亮翅五行掌

【命名釋義】

此刀式為仿生學象形動作。橫刀，刀刃朝上，兩手向上
推舉，形如白鶴亮翅。手掌高舉，手指展開，狀如仙鶴翅膀
之羽梢，故名。

「五形掌」「單刀看手」指看空手。右手握刀左手空，
左右手協調配合相輔相成。此刀式在左手配合持刀手向前上
橫推刀背時，左手五指分張。五指喻五行，大拇指陰面繫於
脾，其性屬戊土，陽面繫於胃，其性屬己土（中央戊己
土），脾胃皆屬土；食指陰面繫於肝，其性屬甲木，陽面繫
於膽，其性屬乙木（東方甲乙木），肝膽皆屬木；中指陰面
繫於心，其性屬丙火，陰面繫於小腸，其性屬丁火（南方丙

丁火），心與小腸皆屬火；無
名指陰面繫於肺，其性屬庚
金，陽面繫於大腸，其性屬辛
金（西方庚辛金），肺與大腸
皆屬金；小指陰面繫於腎，其
性屬壬水，陽面繫於膀胱，其
性屬於癸水（北方壬癸水），
腎與膀胱皆屬水。在掌心中又
分上下左右中，上為心火、下
為腎水、左為肝木、右為肺
金、中為脾土，這就是所謂五
形掌之內涵所在。人的手指屈

圖 29

伸，既鍛鍊五臟六腑，又有技擊作用，一舉兩得。手掌在技
擊中具有多種技法。

【分解動作】

第 1 動　馬步上截（馬步蹲坐，橫刀上截）

左腳尖微向裡扣，右腳尖微向外擺，重心移至兩腿間，
膝蓋尖外敞對向腳尖，屈膝蹲坐成馬步；同時，右手抽刀，
使刀身橫平於頭頂前上方，刀刃朝上。目視前上方（圖
29）。

【動作要領】

馬步又名「騎馬蹲襠步」。兩腳尖外擺，敞膝而裹襠，
肛門括約肌自然抓提，是謂：「地門常閉」，丹田氣充實。
最重要的是意想環跳穴找陽陵泉穴。這樣你會感覺到襠下恰
似有匹大馬，坐騎著穩穩當當的。底盤穩當，上肢發力來

勁。

設對方槍劈頭下砸，我隨以橫刀上架，刀刃朝上截其槍桿或手臂，以護我頭肩。

第2動　提膝上推（右膝提起，橫刀上推）

左腳尖微向裡扣，重心移至左腿，左腿伸膝立直，右膝提起；同時，雙手趁勢向上推刀上架。目仰視（圖30）。

【動作要領】

意注左腰間，如此既能立穩，又利於發勁向上推刀。右腳暗含踢擊之意。

【技擊作用】

此為防中寓攻的上截刀。

第五刀　風卷荷花葉底藏

【命名釋義】

此刀式為象形動作。橫刀由前上方往腦後降落至肩背，其運行軌跡形似風卷荷葉，而人的頭部喻為花蕾，即荷葉刀藏到了花蕾的後底下，為腦後藏刀。

【分解動作】

第1動　叉步藏刀（右腿倒叉，刀體落藏）

左膝微屈，右腳向左腿後背步倒插，腳尖著地；同時，兩臂屈肘向背後鬆墜，使刀背擱於腦後之肩、背處。目左視刀尖（圖31）。

圖 30　　　　　　　　　　圖 31

【動作要領】

鬆肩墜肘，鬆腰沉胯，屈膝蹲身，兩臂盡量後展，使胸大肌和背大肌都有舒服感。

【技擊應用】

以刀體的粘黏順遂勁往後下空閃對方來槍。

第 2 動　轉身推扎（右後轉身，推刀刺扎）

兩腳掌輾轉，使身體向右扭轉 270°（由面南轉向面東）；左手心扶於刀環後部，指尖朝上，隨身體扭轉到位時，指尖右倒，拇指朝下；然後屈右膝前弓，左腿蹬直；左手推刀環，使刀尖向前直扎。目視刀尖（圖 32）。

【動作要領】

尾骶骨找左腳跟，身體自動向右扭轉。尾骶骨是人體轉向的舵，學會駛舵，轉身就容易。

此動為轉身扎喉
（包括肩、胸部）。
推扎時意想刀尖後七
寸處為刀尖處，如此
扎刀才出狠勁。再
者，後腿要蹬直，使
扎刀成整體扎勁。諺
云：「消息全憑後腳
蹬。」

圖32

第六刀　玉女穿梭八方勢

【命名釋義】

此式為象形動作。「玉女穿梭」係神話傳說中天上玉皇
大帝的女兒和侍女們穿梭織布的情形。此式以刀喻梭，以扎
刀喻穿梭，運用刀尖向四面八方穿扎刺殺的動作，故名。

【分解動作】

第1動　沉刀壓砸（身姿降低，刀背下沉）

鬆肩沉肘，身姿降低，使刀背向下沉降壓砸。目視前下
方（圖33）。

【動作要領】

意想人中穴，鬆開肚皮貼於右大腿根，身姿自然下降。
想人中和鬆肚皮皆屬體呼氣。呼降吸升。

【技擊應用】

以刀背壓砸對方的槍杆和手臂。

圖 33

圖 34

第2動　左仆捋刀（左式仆步，右刀左捋）

左腳尖外擺，重心左移，左腿屈膝，右腿蹬直成右仆步；同時，上體左轉朝向北方；左手離開刀柄擺向左後上方，以帶動右手捋刀之勢，刀刃朝左。目視右下方（圖34）。

【動作要領】

頭頂移至左腳上方，使身型步法同時轉換。頭頂移動，類似提綱挈領，此動主要是提左頂。

人的頭頂分前、後、左、右、中五點。坐步提後頂，弓步提前頂，向左偏側身則提左頂，向右偏側身則提右頂，立直身時提中頂。頭頂部原本有五個穴位，中間為百會穴。在百會的前後左右各有一穴，統稱為四神聰，各有各的用處。會用自身穴位，屬知己功夫。知己知彼，方可百戰百勝。

【技擊作用】

以刀體粘黏住對方槍杆捋帶之，使其落空閃失。

第3動　右蓋剪腕（右腳蓋步，右刀剪腕）

右腳越過左腳向前蓋踩，兩腿交成叉歇步；同時，上體左轉，朝西南方；右手刀向左斜上方穿出，以刀刃銼剪對方持械之手腕；左手扶於右腕處，是一合勁。目視刀尖（圖35）。

【動作要領】

意注左腿內側（足三陰經），這樣下盤既穩，出刀又得勁，是左腿與右臂內側上下交叉相合勁。

【技擊作用】

此動俗稱「蓋步片肉」。實際是進步、進身、進刀，以刀刃與對方臂、腕處交叉銼

圖 35

圖 36

圖 37

剪，損傷其持槍手腕。

第 4 動　翻身後掛（右後翻身，右刀後掛）

右手刀刃外旋，隨向右後方掄掛至身後，右臂與刀成一水平直線，高與肩平；左手扶於右肩前；同時上體略向右轉。目視刀尖（圖 36、圖 37）。

【動作要領】

先走眼神。視線由前上方轉視右後方，刀追眼神，向右後方掄掛。上體右轉，重心不變。

【技擊作用】

設對方進右上槍。我隨以刀體與其槍杆粘黏住向右後方掛引，使彼槍落空。

圖 38   圖 39

第5動　歇步藏刀（上體左轉，右刀後藏）

右手刀尖回勾，刀體低垂，藏於身後；同時，上體轉向
西南方，略向前傾。目視左前方（圖38）。

【動作要領】

扭頭變臉，眼神轉視左前方。右臂內旋放鬆，使刀尖低
垂。

【技擊作用】

藏刀勢為蓄勢待發，寓含追擊之意。

第6動　左弓扎刀（左膝前弓，右刀直扎）

左腳向西南方邁進一步，隨屈左膝前弓，右腿蹬直；同
時，左手揚起至左前上方，手心托天上撐；右手刀似離弦之
箭，疾速向西南方直扎，臂與刀成水平直線。目視刀尖（圖

39）。

【動作要領】

左手上揚，開左腋下極泉穴。鬆開肚皮貼左大腿根（氣衝穴貼衝門穴），左胯回抽，右胯前送，以助扎刀成整體勁。

【技擊作用】

左手護頭，右刀直扎對方心、胸。此勢又名「分心刺」。

第7動　翻身圈攔（右後翻身，右刀圈攔）

左手向右下回圈，虎口卡於右肩前，左肩找右手；右腕內旋，手背貼左肩，使刀體低垂於身後，刀刃朝外；同時，左腳尖裡扣，上體向右扭轉，尾骶骨對正左腳跟。目視左後方（圖40）。

【動作要領】

先走眼神，向右後方掃視。諺云：「身為主，眼為先，眼神一步周身轉。」

圖40

【技擊作用】

設身背後有敵情，故急轉身以應敵。

第8動　右弓藏刀（右膝前弓，右刀後藏）

右腳向右橫開一步，隨屈右膝前弓，左腿蹬直；同時，

圖 41　　　　　　　　　　圖 42

右手刀從背後繞至身前，落藏於右胯外後下方，刀刃朝下，
刀面貼於右膝，刀尖微露於腿前；左掌沿刀背挒按，一挒即
離，隨立掌於右肩前，指尖朝上，掌心朝右，虎口大張。目
視左前方（東北）（圖41）。

【動作要領】

左臂內側與右腿內側相呼應，右肩井穴從身背後去找左
環跳穴。此為上下肢、前後、內外三合。

【技擊作用】

此動又名「轉身壓力」「夜戰八方藏刀勢」，為防護中
蓄勢待發，意欲追擊。

第9動　右蓋剪腕（右腳蓋步，右刀剪腕）

左腳向左前方（東北）斜上一步，左膝微屈，重心移至
左腿；右腳越過左腳向前蓋踩，兩腿成交叉步，尾骶骨對正

圖 43

圖 44

左腳跟，上體轉向東北；同時，右手刀向左前上方穿出，刀尖朝上，刀刃內旋，朝向左上方；左手扶於右腕處。目視刀尖（圖 42）。

動作要領和技擊應用與第 3 動同。

第 10 動　翻身後掛（向右翻身，右刀後掛）

右手刀刃外旋，隨向右後方掄掛至身後，右臂與刀成一水平直線；左手扶於右肩前；同時，上體略向右轉。目視刀尖（圖 43、圖 44）。

動作要領和技擊應用與第 4 動同。

第 11 動　歇步藏刀（上體左轉，右刀後藏）

右手刀尖回勾朝下藏於身後；上體左轉略向前傾。目視

圖 45　　　　　　　　圖 46

東北，蓄勢待發，意欲追擊（圖 45）。

動作要領和技擊應用與第 5 動同。

第 12 動　左弓扎刀（左膝前弓，右刀直扎）

左腳向東北方邁進一步，隨屈左膝前弓，右腿蹬直；同時，左手揚起至左前上方，手心托天上撐；右手刀似離弦之箭，疾速向東北方直扎，臂與刀成水平直線。目視刀尖（圖 46）。

此動又名「推窗望月」。動作要領和技擊應用與第 6 動同。

第 13 動　翻身圈攔（右後翻身，右刀圈攔）

左手向右下回圈，虎口卡於右肩前，左肩找右手；右腕內旋，手背貼左肩，使刀體低垂於身後；同時，左腳尖裡扣，上體向右扭轉，尾骶骨對正左腳跟。目視右後方（圖

圖 47　　　　　　　　圖 48

47）。

　　動作要領和技擊應用與第 7 動同。

第 14 動　右弓藏刀（右膝前弓，右刀後藏）

　　右腳向右橫開一步，隨屈右膝前弓，左腿蹬直；同時，右刀藏於右胯外後下方，刀面貼於右膝，刀尖微露於腿前；左掌沿刀背抻壓，一抻即離，立掌於右肩前，指尖朝上，掌心朝右，虎口大張。目視左前方（圖 48）。

　　此動又名「夜戰八方藏刀勢」。動作要領和技擊應用與第 8 動同。

第七刀　三星開合自主張

【命名釋義】

　　「三星」指肩、肘、手之肩井穴，曲池穴，勞宮穴三穴。

圖 49

圖 50

「開合」指兩手分開又合回來，也就是兩臂兩側之肩、肘、手分展開，隨後又手、肘、肩回收相合，開合自由，故名「自主張」。

【分解動作】

第1動　轉身挌截（身向左轉，左挌右截）

右腳尖裡扣，右膝略伸，上體向左扭轉，面朝正南；同時，左手向左橫擺為挌勢；右手刀向右上斜截，刀刃朝左斜上。目視刀刃（圖49）。

【動作要領】

以腰為軸，一轉腰即成。諺云：「運動在梢，機關在腰」「腰先動，帶四肢」「腰是管四肢的總機關」。但此動是在腰的右側，即以右內腎為軸。這叫做「耍六球」。下球為精，中球為氣，上球為神。武術練的就是精、氣、神。學

會運用六球，進步就快。動作變化就容易得多。

【技擊作用】

左手捋彼槍杆，右刀截其臂、膀或頭頸。

第2動　提膝合掛（右膝提起，抽刀合掛）

左腳尖外擺，左腿伸膝立直，右膝提起；同時，右手刀向左回抽，橫平於肩前，刀刃朝上；左手心與刀環相合。目視刀尖（圖50）。

【動作要領】

意在左腰間。立住左腰，是謂中定。有中定則開合自如。

【技擊作用】

以刀刃朝上，回抽而傷彼手臂。

第3動　左右分扎（兩臂分展，刀尖右扎）

兩手相分，刀尖向右平扎。目視刀尖（圖51）。

圖51

【動作要領】

兩手相分，意在左手。

【技擊作用】

以刀尖直扎對方喉、頸或腋下
脅肋。

第 4 動　獨立掠搧（左手後勾，立刀右搧）

左手變鉤，五指捏攏，勾向身
背後，鉤尖朝上；同時，右手立刀
掠過身前搧向左肩外側，刀刃朝
後。目視刀尖（圖 52）。

圖 52

【動作要領】

搧刀如搧扇。左手後勾，右手立刀，右肘回掩，使少
海穴找心口窩。持刀手移至左肩前。

【技擊作用】

設對方進槍扎戳，我以刀背磕開來槍伺機應變。此動又
名「撥打雕翎勢」。

第 5 動　半馬下截（落步下蹲、右刀下截）

左腿屈膝下蹲，右腳右落成半馬步；與此同時，右刀向
左後方倒平，刀刃朝下，刀尖朝後，沉截於左腿外側。目視
左下方（圖 53）。

【動作要領】

右腳往右落，右刀往左下沉，右手、右腳相分並同時下
落。

圖 53　　　　　　　　圖 54

【技擊作用】

設對方向我左側進槍，我速降低身姿、以橫刀由上向下攔截對方槍杆或臂、腕。

第6動　扣步攔推（左腳扣步，推刀格攔）

左腳尖裡扣，隨即越過右腳向西南角邁進一大步，屈左膝前弓；右腳跟裡收，右腿蹬直；同時，右手刀隨左腿並進至左腳前，刀尖朝下，刀刃朝前；左手虎口卡於刀背中段，向前推攔。目視左手（圖54）。

【動作要領】

1. 走眼神向右後看，右手提刀追眼神，刀與左腿一齊進。

2. 推刀意在蹬後腳。

【技擊作用】

設對方向我右側進槍，我隨即轉身，以立刀撥開來槍，順勢進步推刀銼其持槍之臂、腕。

第7動　轉身圈攔（向右轉身，右刀圈攔）

右手虎口卡於右肩前，左肩向右手虎口內側貼近，刀尖朝下，刀刃朝外，刀體垂藏於身背後；同時，左腳尖裡扣，身向右扭轉，尾骶骨對正左腳跟。目右視（圖55）。

【動作要領】

走眼神向右後方掃視，眼帶頭轉，頭帶身轉。左手向右，右手向左，猶如雙龍絞柱。

【技擊作用】

設敵向我身背後進槍，我急轉身以迎敵。

第8動　右弓藏刀（右膝前弓，右刀後藏）

右腳向右橫開一步，隨屈右膝前弓，左腿蹬直；同時，右手刀繞至身前，落藏於右胯外後下方，刀刃朝下，刀面貼於右膝外下方，刀尖微露腿前；左掌沿刀背一捋即離，立掌於右肩前，指尖朝上，掌心朝右。目視左前方（圖56）。

【動作要領】

腰為軸，四肢為輪，腰向右一轉，一切動作順利完成。諺云：「渾身隨腰動，出刀才有用。」

【技擊作用】

刀刃朝外，隨轉體，由後上向前下按壓，既可保護自己，又能損傷敵人。

圖 55　　　　　　　　圖 56

第八刀　二起腳來打虎勢

【命名釋義】

「二起腳」指兩腳先後起落；「打虎勢」是將對方比作猛虎來擊打之，即以拳頭加刀環合擊對方太陽穴或後腦等致命處，故名。

【分解動作】

第1動　左弓劈刀（左膝前弓，右刀劈擊）

左腳向左前（東北）斜上一步，隨屈左膝前弓，重心移於左腿，右腿蹬直；同時，右手揮刀向左腳前上方劈擊，刀尖略高於頭頂；左手合於右腕內側。目視刀尖（圖57）。

【動作要領】

眼到、腳到、刀也到。上下相隨，刀腳合一。劈刀合腳

圖 57　　　　　　　　　　圖 58

步，劈人如砍樹。劈刀如往高處、遠處投物，劈擊效果才好。

【技擊作用】

設對方朝身體左側進槍，我隨揮刀照來槍劈擊，以損傷對方木質槍杆或持槍手臂。

第 2 動　提膝交刀（右膝提起，右刀交左）

左腿伸膝立直，右膝提起；同時，右手刀移向左後方，刀刃朝外，隨將刀柄交於左手；左手心朝上，接握刀柄成抱刀勢。目視正前方（正東）（圖 58）。

【動作要領】

意注左腰間（左內腎），穩定重心，感覺右腿和兩臂都鬆活自由為度。

【技擊作用】

此動為發腳踢擊對方的待發狀態，「蓄勁如拉弓」，蓄而待發。

第3動　獨立拍踢（左腿獨立，右手拍腳）

右手鬆開，屈肘回收至鼻前，手腕上提，五指鬆垂，然後向前伸探；右腳飛起與右手合拍。目視前方（圖59）。

圖59

【動作要領】

意在左腳蹬地，獨立拍踢就容易做了。本是右腳踢卻要想左腳，這叫「物極必反」。

【技擊作用】

踢擊對方槍杆、手臂及下頜骨。

第4動　右弓打虎（右膝前弓，右拳擊打）

右腳向右（正南）落步，隨屈右膝前弓，重心移至右腿，左腿蹬直，上體轉向正南；同時，右手走下弧線繞至

圖60

右腳前上方握拳，拳眼朝左（正東）；左手刀柄右擺於右肘下與右臂十字相交。目視正東方（圖60）。

【動作要領】

1. 前胸如貼水面，意欲往右拳之小指側方向進發。這是仿生學象形動作，名為「鷺伏鶴行」。

2. 握刀手與右肘十字相交成橫豎勁。

3. 右頂右上提，目向左看，左胯披閃。

【技擊作用】

右手走下弧線右移為抓將

圖 61

沉採，左手抱刀、刀刃朝外向右橫移是以刀刃刀尖橫抹，即右手持槍，左刀橫抹。

第 5 動　左轉貫擊（上體左轉，右拳左摜）

收腹鬆腰，尾骶骨往右腳跟上坐實，右腳尖裡扣 90°，上體向左扭轉；同時，右拳眼轉朝下，以拳面向左橫擊。目左視（圖 61）。

【動作要領】

右肩（肩井穴）找左胯（環跳穴），右肘（曲池穴）找左膝（陽陵泉穴），右手（勞宮穴）找左腳（湧泉穴），是謂「內外三合」。這樣完成的動作才算是做到了家。這是行功的規矩。沒有規矩不成方圓。

【技擊作用】

左胯躲閃，右拳摜擊，防中有攻。彼擊我左胯，我擊彼太陽穴。閃擊線路如太極圖中陰陽魚追尾狀。

圖62　　　　　　　　　　圖63

第6動　左弓打虎（左膝前弓，刀環擊打）

右拳變掌，向前（正東）伸探；左腳向後撤步，腳尖擺
向正北，隨屈左膝前弓，重心移至左腿；右腳尖裡扣，右腿
蹬直；同時，兩手抒採走下弧線向左繞至左膝上方，刀環朝
北，刀刃朝西；右拳眼貼於左肘下方。目視正東（圖62、
圖63）。

【動作要領】

1.右手、左腳前後相分；

2.左手、右腳前後相分；

3.意注左腰間。

其餘要點與右打虎勢相同，惟姿勢相反。

【技擊作用】

右手抒採，左刀環護頭並向外擊打。防中寓攻。

第九刀　披身斜掛鴛鴦腳

【命名釋義】

「披身」即側身披閃動作；「斜掛」即以刀柄側黏貼對方來槍，隨往左側斜掛之；「鴛鴦腳」即陰陽腳，此為腿法。橫踹為陰腳，正踢為陽腳，這與書寫漢字筆畫同理，即橫平為陰，豎直為陽，文武一理。

此式動作特點是側身形左掛刀柄，起右腳先橫踹，後直踢，故名。但後人將橫踹（陰腳）忽略，只有直拍一腳了事，背離了原意，是一憾事。

【分解動作】

第1動　右腳橫踹（左腿獨立，右腳橫踹）

左腿獨立支撐，右膝提起，膝蓋找心口窩，身向左側傾，隨出右腳向正東側踹，是謂「陰腳」。目視正東（圖64）。

【動作要領】

1.鬆左肩墜左肘，右膝自然提起。因為一想左肩井穴則右胯鬆，一想左曲池穴則右膝起，這是人體自身所具有的妙竅。即用意念，想穴道，啟動肢體自動化運動。

2.側踹時意在左胯（左環跳穴）。

【技擊作用】

側踹對方來槍或身體。

第2動　獨立拍踢（左腿立直，右手拍踢）

左腳尖裡扣，上體向右扭轉，左腿伸膝立直；右手屈

圖 64　　　　　　　　　圖 65

肘，回收於鼻前成鬆鉤手，然後水平向前伸探。右腳繃起，
腳背與右掌合拍（圖65）。

【動作要領】

意注左腰間，然後蹬左腳，右手直前伸。

【技擊作用】

踢擊對方槍杆及身體（下起臁骨、臏骨，上至下頜骨
以及手臂等處）。腿比臂長，腳比手有力，當發腿時就發
腿，擊敵圖個便利。

第3動　接刀上掤（右手接刀，合把上掤）

右腳回收，懸垂不落；左手將刀柄舉起至頭頂前上方，
右手接握刀柄，左手騰出，張虎口卡於右腕，雙手合力向上
掤架。目視前下方（圖66）。

【動作要領】

左腳蹬地，睪丸抽提，空胸虛腋，氣貼脊背（睪丸通蹺脈，蹺脈管升降，此為運用人體六球的下球。中球兩內腎通帶脈，管旋轉。上球兩眼珠通維脈，管平衡）。

【技擊作用】

上架對方槍、棍劈頂，以護我頭部。

圖66

第4動　掠手圈攔（左手捋掠，右刀圈攔）

兩手分開，右手刀向下滑落於身體右下方，左手分落於身體左側，隨即右刀裹腦纏頭，鬆垂於身前，左手虎口卡於刀背。目視前下方（圖67、圖68）。

註：以上各動，要求乾淨利索，一氣呵成。

【動作要領】

意注左腰間，力求穩定重心，以利兩臂開合靈活。

【技擊作用】

以刀體繞身圈攔，以保護自身的上下前後左右，並用刀刃攔擊對方近身處。

第十刀　順水推舟鞭作篙

【命名釋義】

此式為象形動作。即以刀側面黏著對方槍杆順勢進步推

圖 67

圖 68

刀，以刀刃推割對方握槍之手指，喻為順水推舟；「鞭作
篙」即舉刀向前上方扁刺以片割對方持槍手臂或頸項的動作
姿勢，其狀如舉鞭，又似船夫
持篙撐船之勢，故名。

【分解動作】

第1動　跟步推刀（腳
步進跟，雙手推刀）

右腳落於右前下，隨屈膝
蹲身，向東南方迅跑四步至左
腳支撐，右腳尖虛點地面；同
時，右手反提刀柄，刀尖朝
下，刀刃朝前；左手虎口卡於
刀背，推刀前進。目視刀前

圖 69

圖70

圖71

（圖69、圖70、圖71）。

【動作要領】

肚臍裡收，肩、肘、腕、胯、膝、足都放鬆，眼向前看，刀追眼神。

【技擊作用】

進步、進刀、進身追擊，專銼對方的持槍手指、手腕。

第2動　轉身圈攔（向右轉身，右刀圈攔）

身向右扭轉270°（由東南轉朝正北）；刀體隨轉身向右圈攔。目視右後（圖72）。

【動作要領】

左腰子下降，右腰子上提，眼看右後上方，以利轉體。

【技擊作用】

防護身體右側後。以立刀與對方來槍交成十字圈攔之

圖 72　　　　　　　　　　圖 73

（橫能破豎，豎能破橫，後發先至，以柔克剛）。

第 3 動　右弓藏刀（右膝前弓，右刀後藏）

右腳向右橫開，隨屈右膝前弓，左腿伸直，左腳尖裡
扣；同時，右手刀壓藏於右後下方，刀刃朝下，刀尖微露於
右腿前；左手離開刀背，變為側立掌置於右肩前，掌心朝
右，指尖朝上，虎口大張；目視左前方（圖 73）。

動作要領和技擊應用與第七刀第 8 動相同。

第 4 動　扁刺亮刀（右刀扁刺，左掌下按）

右手舉刀，向前上斜刺，刀刃朝左；左手按壓於右肘下
方，指尖朝右。目左視（圖 74、圖 74 附圖）。

【動作要領】

舉刀手與左腳相呼應。自感舉刀來勁。

圖 74　　　　　　　　圖 74 附圖

【技擊作用】

左手按壓來槍，右刀割彼頸項。

第十一刀　左右分水龍門跳

【命名釋義】

此式動作前段為左右掄劈刀，喻為「分水刀」，實為以刀分割人體。後段為跳起之踢腿撩刀動作，喻為「鯉魚跳龍門」，故名。

【分解動作】

第1動　閃步左捋（左腿收閃，左手橫捋）

左腳回收於右腳旁，腳尖虛點地面；同時，出左手向左橫捋。目視左手（圖75）。

圖 75　　　　　　　　　　圖 76

【動作要領】

收肚臍，提會陰穴。

【技擊作用】

設對方進槍刺我左腿，我隨收左腿躲閃，同時出左手抓
捋對方來槍，而後進刀攔腰斬之。

第 2 動　馬步橫刀（左轉馬步，右刀橫斬）

左腳向左橫移一步，腳尖外擺，右腳越過左腳進一大
步，上體轉朝正南，蹲成馬步；同時，左手繼向左捋，右手
揮刀向右橫斬，刀刃朝前。目視右刀（圖 76）。

【動作要領】

意在左手，繼續向左捋，以利進步、進身、進刀。

【技擊作用】

捋住對方來槍往左引帶，使其落空，與此同時，進步，

進身，揮刀照對方腰間平斬，
形似「沛公斬蛇」。

第 3 動　左抹右扎（抽刀左抹，推刀右扎）

圖 77

　　右手刀柄回抽，以刀刃平
抹，左掌心與刀環相合，一合
即分，以右刀尖向右平扎。目
視刀尖（圖 77、圖 78）。

　　【動作要領】

　　此為開合動作。兩手合時
意在丹田，兩手分開時意在腰間。

　　【技擊作用】

　　回抽刀時是以刀刃抹腰，向右推刀是刀刃銼，刀尖扎。

圖 78

圖79

刀刃來回拉推，形似鋸木割肉。

第4動　左弓劈刀（左膝左弓，右刀左劈）

重心左移，屈左膝前弓，右腿蹬直，上體向左扭轉；同時，右手揮刀向左前上掄劈；左手推壓刀背以助劈擊。目視刀尖（圖79）。

【動作要領】

左胯回抽，右胯前進。掄劈刀如向遠處投石，刀與左腳相呼應。

【技擊作用】

以刀刃劈擊對方頭、肩、臂、腕及槍杆。

圖 80   圖 81

第 5 動　右轉推刀（身向右轉，刀向右推）

上體右轉，步隨身換，左腳越過右腳向西北方邁進一大步，隨屈左膝前弓，右腿蹬直，上體轉朝西北；同時，右手刀向下降落至刀尖朝下，刀刃朝外；左手虎口卡於刀背，雙手將刀推送於左腳前。目視刀前（圖 80、圖 81）。

【動作要領】

眼神先走，視線由左前上方移至右後下方。與此同時，刀追眼神，雙手將刀推至右後方，寓進身追擊之意。

【技擊作用】

設對方向我右後進槍，我隨以立刀體橫格對方來槍，並順勢前推，以銼傷彼持槍手指及腕部。

圖 82

第 6 動　馬步翻劈（右轉馬蹲，右刀右劈）

右腳尖外擺，重心移運至兩腿間，上體右轉朝北，身向下蹲坐成馬步；同時，兩手相分，右手揮刀向右掄劈，勢如大鵬展翅。目右視（圖82）。

【動作要領】

1. 劈刀時意在配合手（左手）向左分張，目視右刀，神、意不同處，相反相成。

2. 身體向下蹲坐，雙腳欲離開地面，欲起跳而未跳。此動暗含雀躍之意。

3. 劈刀是刀術的主要攻法之一。刀由後上向前下直落為劈，力達刀刃，臂與刀成一直線。劈刀時，要鬆肩伸臂，刀身一體。

圖 83　　　　　　　　圖 84

【技擊作用】

　　設對方向我右側進槍，我隨翻身揮刀向右掄劈，以劈擊對方頭、肩、臂、腕及槍杆。

第7動　踢腿撩刀（右腿踢腳，右刀撩擊）

　　上體左轉朝西，起右腿向前上踢腳；同時，右手刀順右腿外側向上反撩；左手扶於刀環。目視刀前（圖83）。

【動作要領】

　　1. 變臉向左上看，刀追眼神向前上撩刀。

　　2. 左腳蹬地，右腳踢擊。

【技擊作用】

　　設對方向我左側進槍，我先起右腳，略帶裡合腿將彼槍踢開，隨以刀撩擊對方之持槍手腕。

第8動 左弓撲劈（左膝前弓，右刀撲劈）

右腳落地打墊步跳躍，左腳上前一步，隨屈左膝前弓，右腿蹬直；同時，右手揮刀於身後側，掄繞一立圓隨向前劈擊；左手扶於刀背；上體隨劈刀之勢向前撲擁。目視刀體前方（圖84）。

【動作要領】

1. 左腳蹬地，以助起跳。

2. 劈擊時要刀體合一，即刀與神合，左手與刀背合，兩手與前腳合。劈刀勁為合勁、整勁。

【技擊作用】

設對方進槍刺我腳面，我立即起跳避開來槍，隨掄刀劈向對方，並以刀刃推銼其身。他攻我下方，我擊他上方，避其實，就其虛，防中有攻。

第十二刀　下勢三合自由招

【命名釋義】

「下勢」，因身體大幅度降低重心，故名。一般拳術中的仆步，皆為下勢。仆步的要求是一腿全蹲，膝與腳尖稍外撇；另一腿自然伸直，平輔接近地面，腳尖內扣，兩腳掌著地。仆步的步型、步法攻防咸宜。本刀之下勢為仆步壓刀。

「三合」拳術要領有內三合，外三合，是人體上肢之肩、肘、腕與下肢之胯，膝、足左右交叉相合。一般都是往實腿上合。太極拳《打手歌》曰：「上下相隨（合）人難進。」「三合」是身法與心法的統一。

「自由招」即下勢三合可攻可防，防中寓攻，攻中寓

圖 85　　　　　　　　　　圖 85 附圖

防，是靈活自由的方式方法。

【分解動作】

第1動　右仆壓力（後坐仆步，雙手壓力）

重心後移，右腳尖外擺，隨屈右膝向下蹲坐，左腳尖裡
扣，左腿伸直成仆步；同時，右手抽刀下壓，左手橫扶於刀
背上方，與右手合力按壓，勢如鋤草，又名「青蛇伏地」。
目俯視（圖 85、圖 85 附圖）。

【動作要領】

雙手都往實腳上合，壓刀作用方有效。

【技擊作用】

既可按壓敵來槍，又可切割彼身體。見機近取，靈活機
動。

第2動　披身斜截（左弓右蹬，右刀左截）

右腳蹬地，右腿起立，上體略向左移，左膝微弓；同
時，右手提刀向身體左側推截，刀尖朝下，刀刃朝外；左手

圖 86   圖 87

扶於右腕。目左視（圖86）。

【動作要領】

雙手提刀，合力向身體左側推伸。尾骶骨對準右腳後
跟。

【技擊作用】

此為攻防兼備的刀法之一，既可保護頭部和身體左側，
又可截割對方持槍臂、腕。以彼靠近處進擊之。

第3動　提膝下掠（左膝提起，左手下掠）

重心後移，左膝提起；左手往左下方捋掠（圖87）。

【動作要領】

肚臍裡收，右腳蹬地，意注右腰間。

【技擊作用】

設對方進槍刺我左腿，我速提左膝躲閃，與此同時，出

左手刁捋彼槍。

第4動　左弓劈刀

左腳向左前下落步，
隨屈左膝前弓，右腿蹬
直；同時，右手揮刀往左
腳前上方掄劈；左手揚起
至左上方，掌心朝上，虎
口大張。目視刀尖（圖
88）。

圖 88

【動作要領】

1. 以左手繞弧上揚來
帶動右刀前劈。

2. 右劈刀與左腳相呼應。上下相隨，刀體合一。

【技擊作用】

進步、進身、進刀，劈擊對方頭肩。

第十三刀　卞和攜石鳳還巢

【命名釋義】

戰國時期，趙國樵夫卞和上山砍柴得寶玉一塊，後來寶
玉流落異國，後有趙國文相藺相如設計將寶玉取回本國，故
將此事喻為鳳還巢。此刀為象形動作，有三層意思：①右手
揮刀向左平抹，割下對方的腦袋而得勝回營，即將對方腦袋
喻為「石」。②將刀背擱在自己左肩背上，上體前傾，欲往
前行，形同背負重石而歸。③全套路至此練習完畢，收勢還
原，喻為還巢。

【分解動作】

第1動　轉身圈刀（身向右轉，刀向右圈）

左腳裡扣，屈左膝蹲坐，尾骶骨對正左腳跟；右腳跟裡收，右膝微提，右腳尖虛點地面，上體向右扭轉朝東；同時，右手提刀向右後圈攔，刀尖朝下，刀刃朝外；左手虎口大張，向左後橫扒。目視右刀（圖89）。

圖89

【動作要領】

1. 眼神先走。視線移至右後下方，刀追眼神走，如貓捕鼠，左手向左後方撐掌。

2. 尾骶骨對正左腳跟。

3. 收腹涵胸，意注左腰間。

【技擊作用】

設對方向我左後進槍。我隨轉身圈攔，用刀體將對方來槍攔出，以護我身體右側。

第2動　提膝反圈（右膝提起，右刀反圈）

左腿伸膝立直，右膝提起；同時，右手刀向前上復向後下掄一側立圓，刀柄上提至頭部右側，刀尖朝下，刀刃朝後；左手橫推右腕，指尖朝後，拇指朝下。目視右上方（圖90）。

圖 90 　　　　　　　　　圖 91

【動作要領】

1.左腳蹬地，睪丸抽提，立住左腰，左耳梢上提。

2.以右腕為軸，翻手腕使刀刃上翻，沿身體右側，由下向前上、繼向後下掄一提撩花，使刀尖朝下懸垂於身體右側。

【技擊作用】

設對方器械攻擊我右側，我即以提撩花之術進行阻格，以護我體。

第 3 動　鉤手平抹（左手後勾，右刀平抹）

左手離開右腕變鉤，向左後勾向背後，鉤尖朝上；同時，右手揮刀，向前平抹，刀尖朝前，刀刃朝左。目視正前方（正東）。此勢又名「提膝平斬」（圖 91）。

【動作要領】

1. 翻手腕使刀刃朝左，揮刀向左橫抽，高度在頭、肩之間，發力於腰、臂，力達刀刃。

2. 配合手盡量後勾，以助抹刀之勢。左右手配合相反相成。

【技擊作用】

設對方頭項臨近，我隨揮刀照對方頸部抽去，或抹或斬，以砍其頭，斷其頸動脈，彼必死無疑。

圖 92

第 4 動　右弓攜刀（右膝前弓，右刀左擱）

右腳向前落步，隨屈右膝前弓，左腿蹬直，上體略向前傾；同時，右手翻腕向左後甩刀，隨將刀背擱於左肩、臂上，刀尖朝後。目餘光掃顧左後方（圖 92）。

【動作要領】

如肩負重物，欲向前挺進。

【技擊作用】

此為佯敗之勢。若敵從後面追至近身處，我便回身掃刀反擊之，防中寓攻。

第 5 動　撒步接刀（兩腿後撤，左手接刀）

左手接握刀柄，右手撒把，以手背先揮左腿後揮右腿，

圖93　　　　　　　　　　　圖94

然後揚至右上方，手心朝上，指尖朝左；同時，先撤左腿，後撤右腿，再撤左腿，左腳向右腳靠攏併齊，目視正前方（正東）（圖93）。

【動作要領】

右手背揮腿時左右腿都不讓揮，往後撤退躲手背，這樣動作就俐落了。

【技擊作用】

用手背粘撥對方來槍，以示休戰議和，看看對方意向如何。對方若不再戰，則收勢還原。

第6動　轉體還原（向右轉體，復歸原位）

左腳向左後退步，腳尖朝南，右腳向左腳靠攏併齊；同時，左手刀柄下落於體側，刀背貼附於左臂。右手心向右扇拍，鬆落於體側。目平視前方（正南）（圖94、圖95、圖

圖 95

圖 96

圖 97

圖 98

96、圖 97、圖 98）。

第 4 章

太極刀對槍對練動作圖解

　　刀短、槍長，以短刀對長槍，其難度是很明顯的。但是，太極刀對槍的戰法，是以太極拳的技擊理法為依據的，諸如「以逸待勞，後發先至」「動急則急應，動緩則緩隨」「粘連黏隨」「引進落空」「進之則愈長，退之則愈促」等等。且出刀必與槍交十字，橫可破豎，豎可破橫。槍雖長，然其杆細，且屬木質，經受不住利刀的劈砍。槍杆子一旦被砍斷，則全盤敗北。故練太極刀者，敢戰，敢勝。

　　太極刀對槍練習，分甲乙雙方。持槍者為甲方，但屬於陪練者，持刀者為乙方，為主練。乙方是在單刀操練的基礎上來學習對練的，且以短刀對長槍，開始起步就從難從嚴、從實戰要求出發，透過對練，進一步提升太極刀的技擊應用水準。因為，只有從最困難處著想，才能立於不敗之地。

　　開始對練時，由甲方首先進槍攻擊，乙方起而迎戰，採取「後發制人」的戰術原則。

　　太極刀對槍共十三刀、八十二動，分述如下。

預備勢

　　甲乙雙方，持械出場，面向師長，行立正、注目禮，準

圖1

備對練（圖1）。

第一刀　七星跨虎交刀勢

第一動　轉體上步

乙方右腳前出半步，腳尖裡扣 90°，上體半面向左轉；左腳向右腳靠攏併齊，目轉視對方。與此同時，甲方原地半面向右轉，與乙方照面對視，雙方各自觀察對方的動靜虛實（圖2）。

第二動　屈膝待發

甲方端槍，準備進扎。乙方以右手心按地，屈右膝下蹲，以降低重心；左腳前出半步，腳掌虛著地面，準備進步進身迎戰，但卻不先動手，而是以逸待勞，準備後發制人

圖 2

圖 3

（圖 3）。

圖 4

第三動　左弓搠刀

甲方進步進上槍扎乙頭面。乙方進左步進身，同時，舉刀柄向前上與來槍交十字以橫破直，向左上方搠架，暗含粘黏引帶之勁，引使來槍落空（圖4）。

第四動　上步七星

接上勢不停。乙方趁甲槍落空之勢，出右手與左手兩腕交叉架住甲槍，抬起右腳蹬踏甲方前腿之臏骨（圖5）。

第五動　右退護左

接上勢。甲方疾速抽槍復進下槍扎乙腿部。乙方後撤右腿並向後蹲身；與此同時，右手右擺，左手刀柄向左腿外側沉落，並與來槍交十字，內含粘黏引帶之勁，引使甲槍落空

圖5

圖6

（圖6）。

圖 7

第六動　點步橫刀

接上勢。甲方進左上槍扎乙肩頭。乙方以騰挪閃展之法向右閃身，並收回左腳；與此同時，乙方將刀橫於胸前，使刀刃朝外，刀尖朝左前方，以刀之鋒利部接觸甲方之持槍手臂，使其因傷而脫手；右手揚起至頭頂上方，與左腿遙相呼應，以加強橫刀之攻擊力度（圖7）。

第七動　左弓掛刀

甲方再進左上槍扎乙頭部。乙方進左步屈膝前弓；同時，舉起刀柄向左前上方與甲槍交十字，內含外格後掛之勁，以護頭部（圖8）。

第八動　右接左推

甲方揮槍照乙方頭頂劈砸。乙方出右手接刀，左手虎口

圖 8

圖 9

卡於右腕，雙手合力向前上方推架，並以尾骶骨端對正後
腳跟而合成一股超強的勁力，迫使甲方招數失敗（圖 9）。

圖 10

第二刀　閃戰騰挪意氣揚

第一動　提膝滑刀

甲進右下槍扎乙腿部。乙方左腿立直，隨提右膝右腳騰空；與此同時，乙方兩手相分，右刀向右前下滑落，恰好與來槍相交叉，以刀刃截甲槍杆（圖10）。

第二動　進步圈扎

甲進中平槍扎乙心胸。乙向右側跨步閃開來槍；同時，右刀尖向左回圈扎甲脅肋，左手虎口卡於右腕，兩手合勁以增強刀尖之刺扎力度（圖11）。

第三動　跟步掤架

甲方進上槍扎乙頭面部。乙方進左步，跟右步，橫刀上

圖 11

圖 12

架，刀刃朝上，刀尖朝左，刀體與來槍交十字以橫破直，並
以左上臂上架刀背以增強架槍力度；同時，左手抓捋來槍，
使之不得回抽（圖 12）。

圖 13

第四動　上步捋攔

接上勢。乙方再進步進身，以左手後捋甲槍；與此同時，右手揮刀攔腰橫斬甲方，恰如「沛公斬蛇」之勢（圖13）。

第三刀　左顧右盼兩分張

第一動　右刀左掛

甲方進左上槍扎乙肩頭。乙方左手後勾，閃開左肩；與此同時，乙方右手立刀向左格掛，刀與來槍交十字，暗含粘黏引帶之勁，使甲槍落空，右臂鬆肩墜肘，使氣貫持刀之手，力達刀體中段，以增強掛刀之勁力（圖14）。

圖 14

第二動　提膝攔掛

接上勢。甲方欲抽槍復向乙方進中平槍扎乙心胸。乙方以刀體與甲槍粘連黏隨、左攔右掛，致使甲槍「進之則愈長，退之則愈促」，引使甲槍落空；與此同時，乙方右腿立直，左膝提起，左腳騰空避閃甲槍（圖15）。

第三動　左弓推滑

接上勢。甲方退步抽槍。乙刀仍以粘連黏隨以刀體貼著槍杆，趁勢進左步推刀，以刀刃追擊甲之持槍手腕，使甲因傷脫手而失去戰鬥力。

推刀時左手虎口卡於刀背，同時蹬後腿以加強推刀力度，並寓追擊之意（圖16）。

圖 15

圖 16

第四動　叉步右攔

　　甲方回槍向後下方扎乙腿部。乙方撤左腿，與右腿背步交叉；與此同時，雙手提刀，以刀體接住來槍以橫破直，暗含粘黏引帶之勁，向右攔截甲槍，以護己腿（圖17）。

圖 17

圖 18

第五動　撤步左攔

甲方復進左下槍扎腿。乙方撤右步退身；同時，雙手提
刀向左攔截甲槍，以護己腿（圖18）。

圖 19

第六動　點步右攔

　　甲方佯裝敗走，復以回馬槍向乙方右下方刺扎乙腿。乙方退身後坐，收左腳以點虛步避閃；與此同時，雙手提刀向右攔截甲槍，以護己腿（圖 19）。

第七動　左弓推滑

　　甲方後撤右步意欲抽槍。乙方以刀體黏貼甲槍，順勢進左步推刀，用刀刃追擊甲方握槍之手指，以使其因傷脫手（圖 20）。

第八動　翻身後掛

　　甲方復進右上槍扎乙肩胸。乙方上體向右後翻轉側身閃避；與此同時，乙刀向右後上方掄擺後掛甲槍，引使甲槍落

圖 20

圖 21

空（圖21）。

圖 22

第九動　回身掠撩

接上勢。甲方進中平槍扎乙腹部。乙方右手揮刀走下弧線，向前上方撩擊甲持槍手腕；與此同時，乙方左手後勾，右腳橫開半步，以助撩擊之勢（圖 22）。

第十動　右刀左掛

接上勢。甲方進左上槍扎乙肩胸。乙方以刀體中段接住來槍向左掛格。掛刀意注左腿內側，便可增強右刀之掛勁（圖 23）。

第十一動　提膝攔掛

接上勢。甲方抽槍復進右下槍。乙方以刀體粘住甲槍，隨其屈，就其伸，仰彌高，俯彌深，取蛇纏之法向右攔掛甲

圖 23

圖 24

槍，逼使其落空；與此同時，右腿立直，左膝提起，左腳騰
空避閃之（圖24）。

圖 25

第十二動　左弓推扎

接上勢。乙方趁甲槍落空而未及抽槍發呆之際，以左手起刀背，使刀尖朝前，照準甲方之喉頭進步推扎（圖25）。

第四刀　白鶴亮翅五行掌

第一動　馬步上截

甲方揮槍照乙方頭頂劈砸。乙方以馬步橫刀向上橫截甲槍，橫可破豎，金可剋木（圖26）。

第二動　提膝上架

接上勢。乙方左腿立直，右膝提起，暗藏踢擊對方之意，雙手繼續橫刀向上推舉架截甲槍，以使其招失效（圖

圖 26

圖 27

27）。

圖 28

第五刀　風卷荷花葉底藏

第一動　腦後藏刀

甲方掄槍柄向乙方後腦慣擊。乙方落步下蹲，同時將橫刀向腦後滑落，格攔甲槍，保護後腦（圖 28）。

第二動　轉身推扎

甲方撤步抽槍。乙方趁勢右轉推刀，以刀尖直扎甲方喉部（圖 29）。

第六刀　玉女穿梭八方勢

第一動　沉刀壓砸

接上勢。甲方進左下槍扎乙腿部。乙方撤左步，矮身

圖29

圖30

形，同時沉刀，以刀背下沉之勁壓砸甲槍（圖30）。

圖 31

第二動　左弓捋刀

接上勢。甲方繼進中平槍扎乙胸部。乙方向左側身閃避；與此同時，用刀體粘黏甲槍，並趁甲之勢、借甲之力而捋帶甲槍，引使其落空（圖 31）。

第三動　右蓋剪腕

甲進左上槍扎乙肩胸。乙方向左轉體蓋右步進身；與此同時，右刀由右後下向左前上方斜戳，以刀刃剪割甲握槍之手腕，俗稱「片肉」（圖 32）。

第四動　翻身後掛

甲方復以後上槍進扎。乙方則向右轉體避閃；與此同時，用刀體粘住甲槍，向右後上格掛引帶，以使甲槍落空

圖 32

圖 33

（圖 33）。

圖 34

第五動　歇步藏刀

接上動。乙方趁甲未及抽槍之際，隨出左手向右扣住甲槍；同時，右刀低垂隱藏於右後方，蓄勢待發（圖 34）。

第六動　左弓扎刀

接上勢。甲方以左上槍進扎，乙方隨揚起左手抓持甲槍；同時，進步進身，以刀尖穿扎甲方脅肋（圖 35）。

第七動　翻身圈攔

甲方以上槍進扎。乙方上體向右翻轉；同時，用刀體圈攔甲槍（圖 36）。

圖 35

圖 36

圖 37

第八動　右弓藏刀

甲方回槍刺乙右上。乙方上體向右側轉，同時出左手向右橫撥甲槍，右刀則落藏於右後下方，蓄勢待發，暗含追擊之意（圖37）。

第九動　右蓋剪腕

接上勢。甲方進左上槍扎乙肩、胸。乙方蓋右步舉刀，向前上斜戳，以刀刃剪割甲方握槍之手腕（圖38）。

第十動　翻身後掛

甲方以右上槍進扎。乙方向右翻轉側身避閃；同時，以右刀和左手合力掛持甲槍，以使其落空（圖39）。

圖 38

圖 39

圖 40

第十一動　歇步藏刀

接上勢不停。乙方右刀向右後繞下弧線，落藏於後下方，蓄勢待發，暗含追擊之意；與此同時，乙方向左扭頭，變臉轉視甲方（圖40）。

第十二動　左弓扎刀

甲方進左上槍。乙方出左手，向左上方撥捋甲槍；與此同時，進左步，右刀照甲方脅肋直扎（圖41）。

第十三動　翻身圈攔

甲方進右上槍刺扎。乙方向右翻身；與此同時，右刀斜橫於右肩外側，以圈攔甲槍（圖42）。

圖 41

圖 42

圖 43

第十四動　右弓藏刀

甲方回槍，向乙方右上進扎。乙方向右轉體，同時出左手外撥甲槍，右刀則落藏於右後下方，蓄勢待發，暗含追擊之意（圖43）。

第七刀　三星開合自主張

第一動　轉身掠截

甲方進左上槍扎乙。乙方向左轉體側身避閃；與此同時，右手舉刀截甲左臂（圖44）。

第二動　提膝合掛

甲方進右上槍扎乙。乙方出左手抓挌甲槍，並以右刀粘

圖 44

圖 45

甲槍杆，合力向左掛引，使甲槍落空；與此同時，左腿立直，右膝提起。先想左腳，後想右腳，亦即先想實腳後想虛腳，如此利於中定（圖45）。

圖 46

第三動　左右分扎

接上動不停。乙方以左右手相分之力，左手左捋甲槍，右刀平扎甲喉，是謂左右分扎（圖46）。

第四動　獨立掠扇

甲方進上平槍扎乙胸部。乙方立刀與甲來槍十字相交，並順甲進槍之勢向左掠扇，以使甲槍落空（圖47）。

第五動　半馬下截

甲方進下槍扎乙腿部。乙方右腳向右後方落步，弓左膝降低身姿；同時，右刀後倒，向左下沉落下截甲槍，迫使甲槍觸地。做此動要按「動急則急應」，做到乾淨俐落（圖48）。

圖 47

圖 48

圖 49

第六動　扣步攔推

甲方意欲拖槍避走。乙方則以刀體與甲槍十字相交，並以粘連黏隨之勁粘住甲槍，依「退之則愈促」法則，扣左腳向右轉身，繼進左步攔推甲槍（圖 49）。

第七動　轉身圈攔

甲方進右上槍扎乙。乙方隨轉身將刀體擱於右肩外側，以圈攔甲槍（圖 50）。

第八動　右弓藏刀

甲方進右上槍扎乙肩、胸。乙方向右轉體側身避閃，右刀落藏於右後下方，蓄勢待發，意欲追擊；同時出左手向右橫撥甲槍，使其落空（圖 51）。

圖 50

圖 51

圖 52

第八刀　二起腳來打虎勢

第一動　左弓劈刀

乙方掄刀向甲方頭頂劈擊。甲方橫槍上架（圖 52）。

第二動　右刀左扇

甲方進上平槍扎乙肩、胸。乙方以刀體左扇甲槍，使其落空（圖 53）。

第三動　獨立拍踢

接上動不停。乙方將刀交於左手，以刀柄粘住甲槍，隨抬起右腳踢甲左臂；與此同時，左手指尖直奔甲眼神而去，此時腳手自然合拍，以增強踢擊力度（圖 54）。

圖 53

圖 54

圖 55

第四動　右弓打虎

甲方進中平槍扎乙。乙方閃身轉體到甲方左側，以刀柄粘住甲方左臂，右手握拳，蓄勢待發（圖 55）。

第五動　左轉摜擊

接上動不停。乙方左腳裡扣，向左轉體；同時揮右拳摜擊甲之左太陽穴（圖 56）。

第六動　左弓打虎

甲方進左上槍扎乙。乙方閃身進至甲方身體左側，舉起刀柄，以刀環摜擊甲之後腦（圖 57）。

圖 56

圖 57

圖 58

第九刀　披身斜掛鴛鴦腳

第一動　右腳橫踹

甲方佯敗，以回馬槍向後下方扎乙腿部。乙方起右腳橫踹甲方之左前臂（圖58）。

第二動　獨立拍踢

接上勢不停。乙方上體向右扭轉，正面對敵，再起右腳踢甲胸口，右手指梢直奔甲之眼神而去，進至極點則腳手自然合拍，以增強踢擊力度（圖59）。

第三動　接刀上掤

甲方揮槍向乙方頭頂劈砸。乙方回收右腳，懸垂不落；與此同時，右手接刀，左手虎口卡住右腕，雙手合力向上掤

圖 59

圖 60

架甲槍，刀刃朝上，刀尖朝左，橫可破豎，金可剋木，動作
須乾淨俐落（圖60）。

圖 61

第四動　掠手圈攔

甲方進下槍扎乙腿部。乙方兩手分落，以右刀圈攔甲槍，使其落空（圖61）。

第十刀　順水推舟鞭造篙

第一動　跟步推刀

甲方拖槍避走。乙方垂刀粘住甲槍，以「退之則愈促」和粘連黏隨之勁跟步推刀，以刀刃追擊甲方之持槍手指，使其因傷脫手（圖62）。

第二動　轉身圈攔

甲方進右下槍扎乙。乙方向右轉體避閃；同時，以右刀

圖 62

圖 63

體圈攔甲槍，使其落空（圖63）。

圖 64

第三動　右弓藏刀

甲方進中平槍扎乙胸部。乙方側身避閃，並以左手推撥甲槍，暗含捋帶之勁；與此同時，右刀落藏於右後下方，蓄勢待發，意欲追擊（圖 64）。

第四動　扁刺亮刀

甲方進中平槍扎乙腹部。乙方收腹含胸，出左手扣壓甲槍；同時，舉起右刀斬甲頸部（圖 65）。

第十一刀　左右分水龍門跳

第一動　閃步左捋

甲方回槍刺乙左腿。乙方收左腳避閃；與此同時，出左

圖 65

圖 66

手刁捋甲槍，意欲追擊（圖66）。

圖 67

第二動　馬步橫刀

接上勢不停。乙方進左腳再進右腳，向左轉身成馬步蹲
襠式；與此同時，左手橫捋甲槍，右刀橫斬甲方腰部（圖
67）。

第三動　左抹右扎

甲方以槍柄擊乙右腿。乙方回抽刀體，兩手相合，以刀
刃抹甲右手腕部，兩手一合即分，復以刀尖扎甲腹部（圖
68）。

第四動　左弓劈刀

甲方以上槍蓋頂之勢向下劈擊。乙方則掄刀劈擊甲方前
臂、手腕，並以左手扶推刀背，以加強向前劈擊力度（圖

圖 68

圖 69

69）。

圖 70

第五動　右弓推刀

甲方進下槍扎乙腿部。乙方垂刀右格；同時進步推刀，以刀刃追擊甲方持槍手指（圖 70）。

第六動　馬步翻劈

甲方橫槍攔乙。乙方左手刁捋甲槍，右手揮刀，從甲身後翻劈甲頭頂；同時，兩腿成馬步下蹲之勢，以加強沉採捋帶之勁（圖 71）。

第七動　踢腿撩刀

甲方進中平槍扎乙胸部。乙方起右腳，以裡合腿踢甲來槍，並以左手刁捋甲槍，右手掄刀，由後下向前上方撩擊甲方之持槍手腕（圖 72）。

圖 71

圖 72

圖 73

第八動　弓步撲劈

接上動不停。乙方撒開左手，躍步掄刀劈擊甲方頭部，並以左手推刀背向前擁銼，以加強撲劈力度（圖73）。

第十二刀　下勢三合自由招

第一動　右仆壓刀

甲方進下槍扎乙腿部。乙方以仆步壓刀之勢按壓甲槍，形似「白袍鋤草」之勢（圖74）。

第二動　披身斜截

甲方進左上槍扎乙頭部。乙方提右刀，向左前上方斜截甲槍以護頭部；同時，左手扶右腕，上抬左臂，以加強上截

圖 74

圖 75

之力度（圖75）。

圖 76

第三動　閃步下掠

甲方回槍扎乙左腿。乙方速收左腳避閃甲槍；同時，左手往左下方捋掠甲槍，右手則舉刀待發，意欲追擊（圖76）。

第四動　左弓劈刀

接上動不停。乙方繼續向左上方捋掠甲槍；與此同時，進左步揮右刀劈甲臂膀（圖77）。

第十三刀　卞和攜石鳳還巢

第一動　轉身圈刀

甲方從乙身後進中平槍。乙方急向左轉躲閃甲槍；同

圖 77

圖 78

時，右刀回圈，刀尖朝下，以刀身與甲槍十字相交，以豎破
橫，左手向左後橫扒，兩腿左實右虛，以加強圈刀力度（圖
78）。

圖 79

第二動　提膝反圈

甲方進上槍扎乙頭肩。乙方反向掄一立圓，使刀體停於身體右側，與甲槍十字相交，護住上體右側；與此同時，左腿立直，右膝提起，略向裡合，左手橫推右腕，以加強防護力度（圖 79）。

第三動　鉤手平抹

甲方進中平槍扎乙胸部。乙方出左手刁住甲槍，向左後方引帶；與此同時，右手揮刀向左平抹甲頸項（圖 80）。

第四動　右弓攜刀

接上動不停。乙方揮右刀，沿甲槍杆上面向左後方甩刀，暗含粘黏引帶之勁，復以刀柄外格甲槍；同時，左腳後

圖 80

圖 81

撤落步，左腿伸直，右膝前弓成右弓步，形似負重前行之勢
（圖81）。

圖 82

第五動　撤步接刀

乙方右手刀交於左手，左手接刀反握刀柄，刀尖朝上，刀刃朝前，隨向後撤左步，撤右步，再撤左步，兩腳併齊身體立直，二目向前平視；與此同時，騰出右手，以手背粘住甲槍，然後翻手將甲槍揚至右上方，示意休戰（圖 82、圖 83、圖 84）。

第六動　轉體歸原

乙方右手撤開甲槍，甲方收械，雙方轉體，面向師長，復行立正注目禮（圖 85）。

圖 83

圖 84

圖 85

第 **5** 章

太極連環雙手刀動作圖解

　　此套刀法，是由吳式太極劍中的「雲麾三舞」演化而來的。其基本刀法是大劈、大砍，並加以突刺、橫掃，攻擊威力強，氣勢大，很實用，且動作簡易，當日即可學會。基本刀法只有六式，左右交替循環練習，圖文一目了然，習者可無師自通。運動量自行掌握，欲練則練，欲收則收，既適合全民健身運動，又適合當代快節奏的人們防身自衛，可稱為武術「快餐」劈刀法。一時無刀者，抄根木棍亦可練習。古人云：「大道至簡至易。」日本的劍道（東洋劈刀法）也不過就那麼三兩下，但都是很實用的。在演練太極連環刀時，若配以「大刀進行曲」音樂，其鍛鍊興趣定會更好的。

1. 倒提垂柳（預備勢）

　　面向南，兩腳平行併立；左臂鬆垂；右手倒提刀柄，使刀身垂於身右後，刀環朝上，刀尖朝下，刀刃朝後。目視左前方（圖1）。

2. 橫掃千軍（削脖頸）

　　目向左後方掃視，刀追眼神；右手揮刀向左後方橫掃一

圖1　　　　　　　　　　　圖2

圈，左手接握刀柄前部，成為左手在前、右手在後的雙手合把刀（又稱陰陽把）；同時，左腳後撤半步，腳尖轉向朝北，右腳向左腳靠攏，並齊身由朝南轉向朝北（圖2）。

3. 迎門劈頂（劈頭肩）

目順由肩頭轉視東南方；右腳向東南斜開一步，隨屈右前弓，重心移至右腿；左腿伸直，身隨步轉，上體隨向右轉；同時，雙手揮刀，順勢向右腳前上方（東南）劈擊。力從腰發，達於刀刃，目視刀尖（圖3）。

4. 弓步帶刀（砍腿腳）

左腳向左前方（東北）邁進一大步，隨屈左膝前弓，重心移至左腿；右腿伸直，上體向右扭轉；同時，雙手順勢將刀往右後下方拖拉削掃，左肩往左腳上側傾。目視刀尖（圖

圖 3   圖 4

4）。

5. 翻身劈頂（劈頭、肩）

上體向左扭轉；同
時，雙手揮刀，向東北
斜上方劈擊；步型與重
心不變。目視刀尖（圖
5）。

6. 提膝下截
（砍臂腿）

右腿屈膝，向左上
方提起，右腳懸垂不
落，左腿獨立支撐；同

圖 5

圖 6　　　　　　　　圖 7

時，雙手揮刀，向右後下方（西南）
劈擊。目視刀尖（圖6）。

7. 落步突刺（扎胸心）

右腳向前（南方）落步，隨屈右
膝前弓，重心移至右腿，左腿伸直；
同時，雙手推刀，順右腳上方向前直
扎。目視刀尖（圖7）。

8. 舉刀截臂（架截臂、腕）

左腳向右靠攏，腳尖虛點地面，

圖 8

左腿屈膝略蹲成跨虛步；同時，雙手向右上方橫推刀柄，使
刀身橫平於頭頂右側，刀刃朝上，刀尖朝後（北方），刀環
朝前（南方）（圖8）。

9. 迎門劈刀
（劈頭、肩）

左腳向東北斜開一步，上體向左扭轉，左膝鬆力前弓，重心移至左腿，右腿伸直；同時，雙手揮刀，朝左腳上方（東北）劈擊。目視刀尖（圖9）。

圖 9

10.弓步帶刀
（砍腿、腳）

右腳向右前方（東南）進一大步，隨屈右膝前弓，重心移至右腿，左腿伸直；同時，上體向左扭轉；右肩往右腳上側傾，雙手順勢將刀往左後下方拖拉削掃。目視刀尖（圖10）。

圖 10

圖 11　　　　　　　　　　圖 12

11.翻身劈頂（劈頭、肩）

上體向右扭轉；同時，雙手揮刀，向東北斜上方劈擊；
步型與重心不變。目視刀尖（圖 11）。

12. 提膝下截（砍臂、腿）

左腿屈膝，向右上提起，左腳懸垂不落，右腿獨立支
撐；同時，雙手揮刀，向左後下方（西北）劈擊。目視刀尖
（圖 12）。

13. 落步突刺（扎胸、心）

左腳向左前下落步，隨屈左膝前弓，重心移至左腿，右
腿伸直；同時，雙手順左腳上方（正北）向前推刀直扎。目
視刀尖（圖 13）。

圖 13　　　　　　　　圖 14

14. 舉刀截臂（架截臂、腕）

右腳向左腳靠攏，腳尖虛點地面，屈左膝略蹲成跨虛
步；同時，雙手向左上方橫推刀柄，使刀身橫平於頭頂之
上，刀刃朝上，刀尖朝後（南方），刀環朝北。目右視（圖
14）。

15. 迎門劈頂（劈頭、肩）

右腳向東南斜開一步，隨屈右膝前弓，重心移至右腿，
左腿伸直；上體向右扭轉；同時，雙手揮刀，朝右腳上方
（東南）劈擊。目視刀尖（圖15）。

圖 15　　　　　　　　圖 16

16. 弓步帶刀（砍腿、腳）

左腳向右前方（東北）進一大步，隨屈左膝前弓，重心移至左腿，右腿伸直；同時，上體向右扭轉；左肩往左腳上側傾，雙手順勢將刀往右後下方拖拉削掃。目視刀尖（圖16）。

17. 翻身劈頂（劈頭、肩）

上體向左扭轉；同時，雙手揮刀，向東北斜上方劈擊；步型與重心不變。目視刀尖（圖17）。

18. 提膝下截（砍臂、腿）

右腿屈膝，向左上提起，右腳懸垂不落，左腿獨立支撐，收腹鬆腰、肩；同時，雙手揮刀，向右後下方（西南）

圖 17　　　　　　　　　　圖 18

劈擊。目視刀尖（圖18）。

19. 落步突刺（扎胸、心）

右腳向前
（南方）落步，
右膝鬆力前弓，
重心移至右腿，
左腿伸直；同
時，雙手推刀，
順右腳上方向前
（南方）直扎。
目視刀尖（圖
19）。

圖 19

20. 舉刀截臂（架截臂、腕）

左腳向右腳靠攏，腳尖虛點地面，屈左膝略蹲成虛步；同時，雙手向右上方橫推刀柄，使刀身橫平於頭頂右側，刀刃朝上，刀尖朝後（北方），刀環朝前（南方）。目左視（圖20）。

圖20

21. 迎門劈頂（劈頭、肩）

左腳向東北斜開一步，上體向左扭轉，左膝鬆力前弓，重心移至左腿，右腿伸直；同時，雙手揮刀，朝左腳上方（東北）劈擊。目視刀尖（圖21）。

圖21

22. 弓步帶刀（砍腿、肋）

右腳向右前方（東南）進一大步，隨屈右膝前弓，重心移至右腿，左腿伸直；同時，上體向左扭轉；右肩往右腳上側傾，雙手順勢將刀往左後下方拖拉削掃。目視刀尖（圖22）。

圖 22

23.翻身劈頂（劈頭、肩）

上體向右扭轉；同時，雙手揮刀，向右前方（東南）劈擊；步型與重心不變。目視刀尖（圖23）。

24. 提膝下截（砍臂、腿）

左腿屈膝，向右上提起，左腳懸垂不落，右腿獨立支撐；同時，雙手揮刀，向左後下方（西北）劈擊。目視刀尖（圖24）。

圖 23

圖 24 圖 25

25.落步突刺（扎胸、心）

左腳向左前下落步，隨屈左膝前弓，重心移至左腿，右
腿伸直；同時，雙手順左腳上方（正北）向前推刀直捅。目
視刀尖（圖 25）。

26. 舉刀截臂（架截臂、腕）

右腳向左腳靠攏，腳尖虛點地面，屈右膝略蹲成跨虛
步；同時，雙手向左上方橫推刀柄，使刀身橫平於頭頂左
側，刀尖朝後（南方），刀刃朝上，刀環朝前（北方）。目
右視（圖 26）。

27.迎門劈頂（劈頭、肩）

右腳向東南斜開一步，隨屈右膝前弓，重心移至右腿，

圖 26

圖 27

左腿伸直；上體向右扭轉；同時，雙手揮刀，朝右腳上方
（東南）劈擊。目視刀尖（圖 27）。

28.弓步帶刀（砍腿、腳）

左腳向右前方（東
北）進一大步，隨屈左
膝前弓，重心移至左
腿，右腿伸直；上體向
右扭轉；左肩往左腳上
側傾，同時，雙手順勢
將刀往右後下方拖拉削
掃。目視刀尖（圖
28）。

圖 28

圖 29

29. 翻身劈頂（劈頭、肩）

上體向左扭轉；同時，雙手揮刀，向東北斜上方劈擊；步型與重心不變。目視刀尖（圖 29）。

30. 提膝下截（砍臂、腿）

圖 30

右腿屈膝，向左上提起，右腳懸垂不落，左腿獨立支撐，收腹鬆腰、肩；同時，雙手揮刀，向右後下方（西南）劈擊。目視刀尖（圖 30）。

31.落步突刺（扎胸、心）

右腳向右前下（南方）落步，右膝鬆力前弓，重心移至右腿，左腿伸直；同時，雙手推刀，順右腳上方向前（南方）直扎。目視刀尖（圖31）。

圖 31

32.舉刀截臂（架截臂、腕）

左腳向右腳靠攏，腳尖虛點地面，屈左膝略蹲成跨虛步；同時，雙手向右上方橫推刀柄，使刀身橫平於頭頂右側，刀刃朝上，刀尖朝後（北方），刀環朝前（南方）。目左視（圖32）。

圖 32

圖 33　　　　　　　　　圖 34

33. 拂塵飄擺

　　左手撒把，右手揮刀向左揮掃，將刀刃翻轉朝外，起左手接握刀柄。目左視（圖33）。

34. 收勢還原

　　右手撒把，兩臂鬆垂於體側。目平視前方（圖34）。

王培生先生演練太極刀套路珍貴圖片

一、七星跨虎交刀勢

圖1　　　圖2　　　圖3　　　圖4

圖5　　　圖6　　　圖7

二、閃展騰挪意氣揚

圖 8　　　　　　圖 9　　　　　　　　圖 10

三、左顧右盼兩分張

圖 11　　　　　圖 12　　　　　圖 13　　　　　圖 14

圖 15　　　　　圖 16　　　　　圖 17　　　　　　圖 18

圖 19　　　　圖 20　　　　圖 21　　　　圖 22

四、白鶴亮翅五行掌

圖 23　　　　　　　　圖 24

五、風卷荷花葉底藏

圖 25　　　　　　圖 26

六、玉女穿梭八方勢

圖 27　　　　　　　圖 28　　　　　圖 29　　　　　　　圖 30

圖 31　　　　圖 32　　　圖 33　　　　圖 34　　　　圖 35

圖 36　　　圖 37　　　　　　圖 38　　　　　　圖 39

七、三星開合自主張

圖 40　　　　　　圖 41　　　　　　圖 42

圖 43　　　　　　圖 44　　　　　　圖 45

圖 46　　　　　　圖 47　　　　　　圖 48

八、二起腳來打虎勢

圖 49　　　圖 50　　　圖 51　　　圖 52　　　圖 53

九、披身斜掛鴛鴦腳

圖 54　　　圖 55　　　圖 56　　　圖 57

十、順水推舟鞭做篙

圖 58　　　圖 59　　　圖 60　　　圖 61　　　圖 62

十一、左右分水龍門跳

圖63　　　　　圖64　　　　　圖65　　　　　圖66

圖67　　　　　圖68　　　　　圖69

圖70　　　　　圖71　　　　　圖72

十二、下勢三合自由招

圖 73　　　　　　圖 74　　　　　　圖 75

十三、卞和攜石鳳還巢

圖 76　　　圖 77　　　圖 78　　　圖 79

圖 80　　　　圖 81　　　　圖 82

附 **2** 錄

吳式太極十三刀歌訣

吳式太極十三刀，除有刀式名稱外，還有一些歌訣，了解這些歌訣，有助於更好地了解其刀法。現附記於下：

一、太極刀簡歌

七星跨虎

閃展騰挪

左顧右盼

白鶴亮翅

風卷荷葉

玉女穿梭

三星開合

起腳打虎

披身踢腳

順水推舟

左右分水

下勢三合

卞和攜石

二、太極刀單練歌訣

存神納氣意氣揚，掤按定勢流水長。
七星跨虎箭彈踢，白鶴亮翅暗腿藏。
掄刀接刀太極勢，金雞獨立旋腰膀。
風卷荷花隱葉底，推窗望月偏身長。
左顧探莊上步撩，右盼跨步兩分張。
梨花當頂下取經，爛銀拂面擋抖忙。
玉女穿梭應八方，回頭望月刀在擋。
獅子盤球向前滾，取得擋刀莫慌忙。
盤頭纏頭跐腳起，巨蟒開山向前行。
左扇下勢燕抄水，右刮展翅蝶下翔。
頂上挽花下砍腿，擋刀踩跥上下防。
蒼龍掉尾方向變，掤撩跥踢如風車。
金花落地倒插地，漫頭過頂壓刀藏。
二起腳踢打虎勢，攤抹擺捋接刀把。
鴛鴦腿發半身斜，搖刀回身刀在胯。
旱地推舟鞭作篙，上攔下走滾推刀。
鴻雁振翅英姿發，左右分水龍門跳。
一劈華山兔虎避，二劈泰山龍蝦逃。
三劈擔山颶風旋，卞和攜石鳳還巢。
抖袖右倚徐徐上，退步謙恭禮周詳。

三、太極刀十二要

虛領頂勁腰胯鬆，含胸拔背虛實清。
沉肩垂肘不用力，上下相隨意念用。

內外相合連不斷，動中求靜靜猶動。

四、太極刀歌訣

手握鋼刀身莫斜，青龍探撲向前扎。
獅子搖頭連三擺，狂風急雨掃落葉。
黑雲壓頂向下蓋，撝砍劈剁亂相加。
日套三環遮人目，雲開月現見天涯。
霸王舉鼎托刀進，迎門豎戟面前遮。
退步拖刀斜行勢，翻身撩挑肉開花。
刀藏肋下寓追擊，懷抱瑟瑟轉歸家。
學成太極十三刀，凌雲閣上美名誇。

五、刀加鏢歌訣

太極全刀按五行，身隨手眼任縱橫；
神刀出鞘霞光閃，縱身跨虎氣崢嶸。
仙人遙指青雲路，昂然歸馬剪蹄脛；
翻花裹腦單要讓，抱月停鋒雙手擎。
鍾馗望蝠七星觀，飛身斜跨鳳凰騰；
騎龍探撲千波湧，垂劍降魔萬怪驚。
伍員舉鼎贏秦服，鐵牛耕地太平山；
藏刀勢妙使誘法，項轉微蹲小讓身。
屈體下莊伏虎勢，疊映白猿獻果形；
探臂海底撈明月，蘇秦背劍轉精神。
金錢爲鏢更出奇，直線三角不支離；
一次登鏢須三枚，四發暗器迅又急。
鳳凰騰身單展翅，神功巧用定南針；

推窗遙望天邊月，指刀如迎北斗星。

橫架金梁托泰岳，換身埋伏變身形；

形容大概皆在勢，心手相通在精神。

　　註：刀加鏢的「鏢」與一般的飛鏢不同，不像長矛槍尖那樣，而是金錢鏢，其形如舊式大制錢，直徑 3 公分，邊沿有棱刃，中有方孔，共 12 枚，稱為十二金錢鏢，擲出去殺傷敵人。

　　每次投擲 3 枚，採取不同的投擲法，可使鏢著點成上三角點、下三角點、豎三星和橫三星。平時單練投鏢，由近及遠，力求準確性。其竅在於抖手腕。然後在練太極刀套路中抽空加投鏢，如在左打虎勢之後正好適宜於騰出右手投鏢。

王培生老師淺釋《授密歌》

　　問：老師，我手頭有一首題為「太極拳真義」的歌訣，不明其真正含義，請老師給予指點，原詞如下：

無形無象，忘其有己。

全身透空，內外合一。

唯物自然，隨心所欲。

西山懸磬，海闊天空。

虎吼猿鳴，鍛鍊陰精。

泉清水靜，心死神活。

翻江攪海，元氣流動。

盡性立命，神定氣足。

答：你說的這是《授密歌》。它是由唐人李道子傳下來的，原詞只有八句，其餘都是後人加的，並且還有錯字。

原詞是這樣的：

無形無象，全身透空。
應物自然，西山懸磬。
虎吼猿鳴，泉清河靜。
翻江攪海，盡性立命。

下面逐句地簡單介紹一下。

「無形無象」指的是「氣」。它是看不見、摸不著的。例如空氣，再如練氣功中的採外氣、運內氣、發放的外氣，都是無形無象的。一切生物皆離不開空氣，一般人幾天不吃飯餓不死，幾分鐘沒有空氣就不行了。人本身還有一種真氣，也叫先天之氣，或稱太和元氣，練功夫主要練的是這個。常言說：「內練一口氣。」太極拳老拳譜上說得很清楚，首要的就是「以心行意，以意導氣，以氣運身」。所以，看不見，摸不著的東西，即內氣，才是真正要練的東西。

「全身透空」，是要求在練功中全身的毛孔都要張開，使其跟大自然相通，即內氣跟外氣相結合，上接天氣，下接地氣。無論站樁功或打太極拳，毛孔都要張開。練功時不管離牆多麼遠，都好像貼著牆似的，毛孔張開之後，好像一個人占據了整個空間一般，空間有多麼大，你這人就有多麼大。如在就寢前運用毛孔張開這種意念，全身自然放鬆，入睡也快。

「應物自然」。說到「應物自然」，先生拿黃四海學藝的故事來解釋（比喻）其中涵意。據傳，從前有位叫黃四海的富少，騎馬帶家丁行獵歸途中，遇一負薪翁擋住去路，家丁上前呼喊：「閃開！」翁不理睬，仍緩步行進。家丁便上前推搡，不料反被彈回傾跌路旁。黃四海在馬上見此狀忙喊住手，不得無禮！隨下馬緩步尾隨老翁至一茅屋前，老翁放下柴禾逕入茅屋。黃四海因在途中認定此翁為功夫高超的仙家，遂進屋跪地要求拜師學藝。老翁不納，黃便跪地不起。

老太太因怕得罪富家招來麻煩，便勸老翁收黃為徒。翁提出三個條件，如能接受方可。第一，我叫你怎麼做，你就怎麼做；第二，功夫學成，不可仗勢欺人；第三，我家場院有個轆軸，屋後有座山，你將轆軸推上山頂。何時推上去，何時收你為徒。黃四海下定決心，滿口答應。開始了往山上推轆軸的勞動。三年工夫，終於將轆軸推上了山頂。黃四海復拜見老翁請求收徒學藝。老翁說：「你已經學成了。回去讓你的家丁們向你任意攻擊，定能應付自如。黃四海照行體驗，果然奇效。

這段故事的意思是說，練武藝要思想端正，專心一意，長期堅持，刻苦鍛鍊。鐵杵磨繡針，功到自然成。功夫練到純熟，遇到什麼情況都能沉著應戰，得心應手，運用自如。

「西山懸磬」，西山指的是前胸，即西方庚辛金。肺屬金，肺葉全張開，是空的才舒暢。懸磬即空懸，要虛其心。虛到什麼程度呢，像廟裡的磬，一碰就響。

太極拳身法中就要求含胸，即空胸實腹，上虛下實。這磬亦如磬盡，乾乾淨淨，胸部沒有一點緊張度，特別的舒服，學習氣功或練太極拳也要虛心。虛心是什麼也不顧慮，

不管別人說什麼，不要有一點懷疑及雜念，一有雜念心裡就緊張，必須恭而敬之。無論練拳或推手都要心平氣和，心平就是沒有雜念，不受外界干擾。只有心平氣才能和，心不平氣也不能和。練功夫就是求內氣和，還要平心靜氣，這就達到「西山懸磬」的境界了。

「虎吼猿鳴」，就是喉頭呼吸法。「虎吼」就是呼氣時一想喉頭，把丹田氣順著喉頭呼出去，發出虎吼的聲響來，當年陳發科老師練拳時盡發這種勁。「猿鳴」，即猴叫喚，是指鼻子吸氣，實際就是想鼻尖。「虎吼猿鳴」，就是醒氣，是指調息的意思。

「泉清河靜」是什麼意思呢？因為「虎吼」呼氣，是濁氣下降，「猿鳴」吸氣時，有一種感覺從後面上來，虎吼猿鳴之後，就是上清下濁，即濁氣降下去，清氣升上來，這叫「泉清河靜」。「泉清」就是腳心湧泉水升上來，肩井水降下去，走的是大周天，是一種修身之法。站樁時，由腳心上來，再由肩井下去，四肢、奇經八脈全在動。做到「泉清河靜」時，橫膈膜以上特別輕鬆舒服，腳底下也覺著有一種整體的輕靈感，全身成為一體。「泉清河靜」即把湧泉和肩井這兩個穴道上下對正，讓它通暢。

「翻江攪海」。「翻江」，就是讓氣下去然後再上來，升上來再降下去，其運行路線是由湧泉到尾閭，由夾脊一直往上到玉枕，貫到百會，回頭由百會再從前面下去。翻江由後面上，攪海從前面下，這叫逆式呼吸，也叫小周天，然後再通到四肢這叫大周天。大小周天做到了，第八句就行了，這叫「盡性立命」。就是達到性命雙修了。性在鼻子尖，命在命門穴。就是甲乙丙丁的「乙」字，一頭是性，一頭是

命，一走周天，這性命兩個頭一接上才成圓圈，就是太極。這是《授密歌》八句的簡單意思。

王培生老師論太極勁

練太極拳，最講究的是要有太極勁。所謂太極勁，籠統地講，就是看上去人家絲毫不動，但只要你觸及他身子，你就會如同懸空飄浮起來，被發放出去還不知是怎麼回事。在練太極拳的全過程，自始至終，每招每式，一舉手，一投足，每一微動，甚至不動，每一時空點，都必須有太極勁，如果沒有太極勁，那只能說是空架子，與一般體操無異。

練太極器械（包括刀、劍、杆、槍），同樣也要有太極勁，否則，與外家無異，還冠什麼「太極」呢。

對於太極勁，楊派先輩陳炎林先生曾於 1949 年 1 月在他所著的《太極拳刀劍杆散手合編》中，有過專題論述。當代太極泰斗，我師王培生先生於上世紀 80 年代初，在回答弟子和同道們的問題時，對太極勁作了更為通俗而又獨到的闡述，使大家受益匪淺。今將當時聽講記錄整理成文，公諸於世，以饗讀者。

太極拳推手中所包括的各種勁，一共 35 種。還有一種凌空勁根本就沒有傳出來。現在有人說把人兩條腿打起來就算是凌空勁，其實不是，凌空勁一下抖起來老高的，現在沒有，也做不到。下面講其中主要的 24 種勁：

1. 粘黏勁

就是搭手不離開的意思。即一搭手要真正能把對方粘起

來，否則不算粘黏勁。此勁在太極拳諸勁中尤為重要，離開粘黏勁別的勁都做不成，這是最基本的勁。

粘黏勁的練習方法就是跟拍皮球似的，皮球的氣越足越好，拍一下馬上就起來。練習時速度要快，形體不要太大。平時要多練習，例如做摟膝拗步，手心稍微一突出再空手心，粘黏勁就出來了。腳心也空，胸一空，粘一點就是，粘起對方再發著。一粘，對方就冒高，暈暈糊糊的就起，這再發手一伸就是。沒有粘黏的硬推非太極勁。

2.聽勁

練全身的接觸點。開始練手、腕、臂，即由腕到肩，這是起碼的要求，漸至全身上下都能聽，即鍛鍊神經末梢的靈敏性，連頭髮也有反應。

所謂凝神於耳，是指神含蓄在內。練習時全身必須鬆開，否則是聾子。你若感覺對方有力，那你應該先檢查自己，因為是你的胳膊聾了，人家大聲嚷你都聽不見，跟木頭楔子似的。單巴掌是拍不響的，是你硬你才覺得對方硬。你把關節放鬆，靈敏勁就有了。身體各部關節都要放鬆，最主要的是腰、腿放鬆。

怎麼鬆，就是肌肉放鬆，骨節拉開。比如伸手去拿茶杯，要拿但不拿，就是比劃著要拿，這就鬆開了，這時肌肉是鬆弛的。你若真拿起來，你肌肉就緊張，骨節也都卡死了，這叫拙笨的力氣，聽勁首先把自己全身放鬆，關節拉開，就是想著一節一節向相反的方向拉，想完了就忘掉。脊柱是往上下兩頭抻，叫做上下對拉或對拉拔長。下面是先想尾閭往前下，一收腹，上邊是眼向前平視，頂就領起來了，

這叫「尾閭中正神貫頂」。膝關節老想著有稍微上提的意思。腳趾鬆完以後想湧泉穴，再鬆到環跳穴這就穩了，如同鳥兒停立在電線上一樣輕飄飄的。下肢關節鬆開後就能站得很牢，如樹植地生根。全身放鬆以腰、腿為主。還有三空，即手心空、腳心空、胸空。整個身體練得像氣球一樣才出輕靈。皮球不行，籃球也不行。就如擺放的氣球，人從旁走過它就有反應，人一按它一癟，你一撒手它又鼓起來。有了這種靈敏性後，你再聽對方。

聽勁聽什麼，聽對方的反應，即動靜虛實變化，他半虛半實怎麼做，全虛全實怎麼做。要破壞對方的重心，穩定自己的重心。如要不讓對方聽出來，你本身也得練成如氣球一樣靈敏才行。所以太極拳就是跟人搭手以後，明白對方粘上那兒了，你把肌肉放鬆，一比劃，不拿，對方急不得惱不得，就是個障礙物給他擱那兒了，這個叫聽勁。掌握聽勁的要領是肌肉放鬆，骨節拉開，身上才靈。

3. 懂　勁

懂勁與聽勁又有連帶關係。什麼叫懂勁？拳譜上說得很清楚：「每見數年純功不能運化者，雙重之病未悟耳。」懂勁以後才越練越精，進步程度就越高深了。

怎麼懂勁，主要懂陰陽，陰陽即太極。兩個人的勁，要知己知彼，搭手時要「量敵」，須知對方的長處和短處、強點和弱點。由外面的現明探知其內部本質是虛是實，以己之長擊敵之短，知己知彼方能百戰百勝。兩人還得合在一起，連呼吸都合在一起，叫做「彼此呼吸成一體，牽動往來得自由」。還有個時間早晚的問題，需要採取相適應的辦法。

「左重則左杳，右重則右虛」「隨屈就伸」，他要伸時就不讓他彎，他要屈時就不讓他直，使他老接不上氣，老讓他彆著氣，以至失敗。

兩人陰不離陽，陽不離陰，「陰陽相濟方為懂勁」。隨屈就伸就是隨其出勁點（根節）領其梢節，截其中節，隨也就是一個意思，即隨其屈，就其伸，謂之「捨己從人」。

4. 走　勁

三十六計，走為上策。怎麼走，走得開走不開，你想走人家還不讓你走哩！懂勁以後才能走，「能粘能走方為懂勁」「人剛我柔謂之走，我順人背謂之粘」。拳譜上說的意思是粘走要結合。人剛我柔，什麼叫剛？就是對方來手有力也好，無力也好，都把它比作剛來對待，我們只要不跟他頂撞、抵抗，都謂之走。

太極拳以走勁為主，怎麼走？走即是粘，粘即是走。粘走實際是一個勁，一個東西有前有後，離開圓圈就不行了。圓圈是由兩個字組成的，一半為走，一半為粘，這是太極勁與本力的顯著區別。

走為化解，粘為進攻，粘走代表剛柔，走化用粘勁，走勁跟粘黏勁不能離開。一個圓圈，他要來力以後走力大的，哪邊力大走哪邊，例如對方抓我手腕，他拇指有力就走拇指；對方手掌按到我身上，他手掌有勁就走手掌，一想他指尖哪兒就是。不粘而走近於跑，近於弱。粘是不丟，走是不頂，走不是跑，跑是弱。走化要先走腰、腿，轉腰，腰為總司令，總司令先走，接觸點是二等兵，兵還得支撐著，接觸點一弱，就是兵敗如山倒。

5. 化 勁

走化。要想走，光走不行，還得透過化，就是變化。化跟發有連帶關係。化即破著。對方來什麼手給他破了，就在跟對方的接觸點上變化，叫做「一接點中求」。各種拳術都在研究接觸點，求什麼？求變化，化得開化不開，化不開就被人按上了。

你若不懂接觸點，你也化不了。「點」如皮球在水中，欲用手指把球按到水底去，你按不住中心它就滾轉。我們本身的化勁即如水中的皮球滾轉，不讓人按到中心。球的對立面要有水的膨脹勁，一按一滾轉。

所謂「一接點中求」，就是兩人一搭手，就在接觸點上求變化，化不開就被擊出。所以，化勁就是不讓對方穿過接觸點中心，改變其方向就行。他也是在腰、腿上走化，一邊走一邊化，還不離開，還要粘黏著。也不要跑，你跑他會追的，稍微一滾轉即是化勁。與彼接觸點老保持切面，球的面叫切面，使對方老找不著切面就行。

6. 引 勁

引誘之意，中有真假虛實。作戰時兵不厭詐，計策也。即引誘對方重心出於體外，使其不穩而設法保持自己的平衡穩定。自己要先穩定好。引誘用真假虛實變化引僵了對方，將對方提起來以破壞其重心。正面進不去兩翼進。對方兩腳的點，找其沒有支撐之點，用意念引誘或用形象引誘皆可。欲前先後，欲左先右，視其重心的變化。他一有力，氣一上升，即可用拍皮球等諸勁使對方暈暈糊糊入榫，使其上圈

套。榫是不先不後，早晚老嫩都不行，要恰巧，恰當其時。在發勁之前必須有引有拿，火候不老不嫩。在引到對方站立不穩時用拿勁。

7. 拿　勁

拿起來才能放下，如拿不起來，放不下，也就發不出去。只有把對方拿起來才能放，引歪了才能拿。拳譜云：「欲將物掀起，加以挫之之力，斯其根自斷。」如同折鐵絲，來回折，發熱了就斷。拿起來後要找地方放，什麼地方合適就往什麼地方放，沒地方放還拿回來。拿，得使對方真正沒有反抗能力才能拿。也不總是拿，拿得對方重心出於體外即可。不拿了就發。

8. 發　勁

引、拿、發是連續的。拿的夠時間了就發。「蓄勁如張弓，發勁如放箭」，弓拉得滿了才能發箭，否則箭射不遠也射不準。拉弓射箭叫支杆吊膀子。太極拳發勁的身法要求也是立身中正，四肢手腳在發勁時都得合上（內外三合），中正安舒頂頭懸。

發勁的身法體形要好，含胸、拔背、鬆腰、抽胯、裹襠、溜臀、頂頭懸才能產生整勁，即全身完整一致，這是起碼的要求。

還要具備什麼呢？就是發箭的時間，發是鬆弛，鬆弛力才大，這是精華，感覺對方沒有反抗能力，身體顯輕，對方身輕時是發勁之時。剛一問勁，有反抗力，馬上鬆，不是發勁時間。蓄勁是你身體合適了，敵重就鬆，不重就發。

9. 提 勁

提高拔上的意思，提勁主要是拔對方的根。人以腳為根，即拔斷其根。發人如放樹，樹無根自倒，反之則根深葉茂，即穩定面積占得大。我們練拳練得功夫大了也是根深。有時往下一剎身推都推不動，根基很牢固，這是重心問題。提勁的用法，欲將對方後腳跟拿起用提勁，我出右手先向其後下一隨（奔對方腳後跟的外圍），手稍回勾自己的手心，這人就起來了，然後虎口找自己的耳孔，對方的腳跟就被提起。我手向後上提時，如用鞭子抽動之意，就把對方抽拔起來了。拳譜云：「欲將物掀起，加以挫之之力，斯其根自斷。」舉個例子如折鐵絲。人也是，你就注意意念老想著他那腳後跟，一挫動，再一挫動，他來回晃那麼兩三下，重心一晃游根就斷。不是亂推，亂推推不動。你一用勁，他一重，你一鬆，他就倒。

10. 截 勁

也叫斷勁，阻截、阻斷之意，把對方的勁分成幾段。截勁有個時間性，時間要掌握好。當對方發勁時，我以截勁阻截其勁，不使其發出來。截的時間在對方勁未完全發出，我在中途截之，但不能迎頭截，要繞過去截，外形既不明顯，又不能離開圓圈，還是以粘走勁為主，若不繞開，不走弧形，截勁就出不來。該斷哪兒就斷哪兒，包括化勁。以退為進也是一個圈。對方來攻我上部，我則進下部，重心往前移，如用鐵鍬鏟土似的。當對方向我發拳，拳正在走著，這時一截就是。在截時你看他哪兒力大就走哪兒，哪邊力小就

粘哪邊。這句話很重要。要記著，「默識揣摩，漸至從心所欲」，太極勁就這麼點奧妙。

11. 長　勁

即連綿、銜接、貫穿。要做到連綿不斷，藕斷絲連，將展未展，彼進多少我走多少。長到對方搆不著為止。長勁的練習方法以腰腿為主。為什麼？腰腿為主是怎麼讓腰腿靈活。注意，大腿後面的肌肉必須放鬆，怎麼放鬆，只要膝微屈，後面肌肉就鬆弛了，這樣胯也靈活了。骨盆好比托盤，脊柱如同一枝花，被骨盆托起，來回走也活。胯為下肢根節，下肢如彈簧，對方推也推不動。練四正推手要做出長勁來，在打擠完了要變換時有一個掏手托肘，這個動作就叫長勁。但是，光掏手托肘還掀不起對方，因對方一轉腰就把你拿起來了。掏手托肘的要領在哪兒呢？是鬆腰胯，一鬆腰胯就長了，就長這麼一點點對方就被托起。就跟下圍棋似的，老比對方多那麼一個子就取勝。我掤彼将時我用長勁，但長勁不只是伸胳膊，是腿（胯、膝、足）往後開轉腰，伸手才長。練習時注意，長夠了再打擠。若是對方轉腰圈掤，他長你也長，他進多少你走多少。在四正推手法中要練出這種長勁來。訣云：掤将擠按須認真，上下相隨人難進，任他巨力來打我，牽動四兩撥千斤。引進落空合即出，沾連黏隨不丟頂。」

12. 抖跳勁

抖跳勁是由兩個勁組成的，一個長勁加一個截勁組成抖跳勁。或先截後長，或先長後截。如先長後截，則對方先被

擊出而後跳起；如先截後長，則對方先跳起而後跌出。

13. 鑽　勁

　　鑽勁是一種螺旋力，正轉或逆轉。有空隙時用鑽勁。這種勁很衝，內含有冷勁，有突然分開對方鑽之之意。此勁易傷人，不可輕試。用法是鬆肩墜肘空手心，氣貫指尖，向對方肋間空隙塞上一點，稍微一合就是，外形上顯不出來，但是很衝。

　　【練習方法】：用意呼吸，意想自己的人中穴，氣就下去，從腳底返上來到命門穴（中丹田）往上放四成勁，往下放六成勁，兩臂由夾脊到肩井再到手梢用四成勁。發勁由腋下出發，就想著畫圈，何時劃得身上自動啦，就出圈了。上邊動，下邊也動，因為你右手跟左腳相對稱，如擰手巾似的。用意念，上肢由合谷一直伸到腋下轉，手部由中指到內勞宮，下去到大腿內側、到腳心，經腳後跟往上再起繞一圈，轉到大腿外側，上到夾脊，再到外勞宮，循環運轉。氣道怎麼走，身上有感覺才舒服。這叫由腳而腰達於脊椎，形於手指。腿腳動，腰身動出圈。先是有形而後無形。不要用意太大，求之過急，有意追求反而得不到。拳經講：「有形皆是假，無形方為真，有意無意方為真意。」上下肢四六成的變化，做到根基要穩，上肢要輕。

14. 分　勁

　　分筋錯骨，截拿抓閉，拿脈抓筋，像對鐲子。拿住對方後自己想自己的鼻尖，把對方的筋骨血肉分開。分其內部，不傷外形，截其氣，拿其脈，閉其血，抓其筋。

15. 開　勁

「見入則開」。此勁不好把握，做時要有兩種感覺，一是如鐵錘擊於棉絮，錘拿開後，棉絮依然如前。又如大石投於水中，石落水後，水復歸如初。

開合如入榫，不能阻撓對方來力，自己應同棉絮一樣柔軟。

【練習方法】：自己的全身關節要拉開，結合自己才能出開勁，絕不是外形。肌肉放鬆，使對方摸上來軟如棉絮。

16. 合　勁

「迎入則合」。有兩種感覺，對方來勁要入榫，恰巧合在一起成一體，勁大不成，勁小不成；結合呼吸，不老不嫩，火候要合適。合勁自己要外三合，內三合，發勁要快攻，放化都可。如手足合未化開，則再想膝肘合，再想肩胯合以化之。

17. 掤　勁

是向前、向上的立圓。掤手有左有右。

【練習方法】：如左手前掤，出左手成陽掌，拇指肚對準對方的鼻尖，拇指尖對準自己的左鼻孔，是謂進圈。食指尖要劃拉對方的左眉泉、眉梢。右手扶著對方的肘部想著對方的腰，右手拇指尖與自己左臂彎處平齊。眼神順著左手食指內側向前上看對方的左眉泉、眉梢。成左弓步，腰與左胯一合即是。腰屬子。重心在左腿，左胯為丑，子與丑合出掤勁。實際是命門與環跳合。掤擊對方是在搭手以後，意念一

想命門找環跳，對方即被掤起。歌曰：「掤勁命門找環跳。」平時須多練習，習慣成自然，用時動作協調一致。

18. 捋 勁

捋破掤，是舒展、化解、往開劃拉的意思，力學上講是平面旋轉的輪軸。

【練習方法】：將眼神往回一收，以右手食指肚要摸自己的左眉梢到左眉泉，再由陰掌變陽掌，以食指指甲蓋劃右眉泉到眉梢，指甲與眉梢固定住，眼神接上。左手為陽掌，左手不能弱，拇指尖高與右手掌根平齊，尾骶骨對正左腳後跟，收腹翹腳。歌曰：「捋勁食指劃眉梢。」

19. 擠 勁

擠破捋，是一個向前去的直勁，跟木樁子直杵似的。

【練習方法】：左手搭在右臂彎處，前腳對準兩臂交叉點的正中，脊背往前腳上一落，對方就被擊出很遠。眼神要超過對方中點（位在對方的足跟後頭）打穿透勁。寅與卯合出擠勁。歌曰：「擠勁脊背找前腳。」

20. 按 勁

按破擠。按是含胸。

【練習方法】：右手心朝下，高度與膻中穴平齊（申與酉合出按勁），拇指肚朝向地面，重心右移。左手心朝下，高與肚臍平，可以略高一些，但不能超過心口窩。也不能低於肚臍，因低了氣不圓，缺半口氣。眼神向左前下看入地三尺深，著眼點與右手心、膻中穴成三角形，如憑欄下望。意

念越深，按勁越大。歌曰：「按勁憑欄樓下瞧。」

21. 採　勁

採破肘。採是選擇的意思，即挑選對方的弱點採之。對方平行向前來的力，將來力稍微向下一沉就是。採勁要出向外放射的勁，意念是玄觀竅與採勁一側的肩井穴一合即是，午與未合出採勁。

22. 挒　勁

挒勁有上挒、下挒、橫挒、騰挪挒。上挒是手與腳分。即手由後下向前上送，指梢高與眉齊，眼向前看，意念蹬後腳，後腳蹬空了就出挒勁。下挒意念在手，以手找自己的腳，如右手找左腳。發挒勁要脆。

23. 肘　勁

肘尖如同寶劍尖，肘法很厲害，有十六種肘法。勞宮與肩井合出肘勁，弓步頂肘時注意三條線：頭向上頂天，腳向下入地，眼神順肘尖照直向前看。如果向後打肘，則是以肩找手。

24. 靠　勁

有肩靠、背靠，也叫肩打、背打。打靠時肩與胯合。眼神與靠擊點成一相反的直線。意想玉枕穴。玉枕穴好像扛著大包似的，歌曰：「靠勁玉枕扛大包。」

此外還有借勁、沉勁、撥勁、搓勁、撅勁、捲勁、冷勁、斷勁、寸勁、抖擻勁、摺疊勁、擦皮虛臨勁等。因非屬

主要，故不贅述。

太極拳最基本的勁是沾黏勁、聽勁、懂勁、化勁。只有把這幾種勁掌握了，其他諸勁才能更好地發揮作用。

交手不敗　奧妙何在

我師王培生先生，一生與人交手無數，未嘗一負，實屬「百戰百勝」。那麼，他老取勝的奧妙何在呢？我們就這一問題早在上世紀 80 年代初向先生請教過，先生對我們談了如下內容。

在太極推手中，要能「百戰百勝」，必須掌握好陰陽變化原則，要求達到「知己知彼」。在作戰中，胡亂打不行，必須知己知彼。知己知彼實質是什麼，就是知曉對方的內五行和外五行，這裡聯繫到七情六慾。七情六慾跟練拳關係很大，五臟是心、肝、脾、肺、腎；六腑是胃、膽、大腸、小腸、膀胱、三焦。經絡和臟腑的變化雖然在人體內部，但卻表情於外，借由外面的現象，就可以知曉其內臟的情況。常言道：「借由現象看本質。」外邊的現象是什麼，是喜、怒、憂、思、恐、驚。

在太極推手當中，與對方一搭手，他若嘻嘻哈哈不當回事，此時他的身手定是散亂的，這種現象裡面包含著懼敵與輕敵情緒。雖然懼敵，但又沒有真正重視對方，所以才大大咧咧的。外面輕蔑裡邊怕，喜笑顏開是假象，這種動作表情反映了他內心的外在表現，他的思想是懼敵和輕敵混雜在一起的，就表現出這種假象。這時怎麼打他？你的意念一想他的心臟部位，就是膻中，一想他膻中的位置，就把他表現的

那種態度、形象、那種勁給摧毀了（消滅了）。不管他手怎麼變化，就用意念往他膻中（心臟部位）那麼一想，神到，意到，氣到，勁到，神、意、氣、勁全合了，不論用什麼招數（掤、擠、肘、靠），都攻他的心臟，這叫做通過現象，攻打本質。

怒傷肝，他若發怒，你想他肝臟就行。肝屬木性而長，木屬直性，他的勁是硬性的，你便用按勁以金剋木，這是五行相剋之理。

總之，現象是內臟本質的反映。明白了這個道理，才能知己知彼。因為彼我都是人，都一樣，你有什麼，他也有什麼。在進攻當中，點穴、三十六死穴，還有時辰，有時能點不能破，所以就不敢點了，因為點死穴致人死命得償命，所以老師不教，學生也不學，後人就認為它很神秘了。其實簡單地說，你檢查一下自己的身上，哪個地方怕打、怕摸、怕碰，也就是對方所怕之處。你找準對方的位置，一點就行，例如軟肋、腋下神經等。極泉穴一點上還動不了，叫做「定身法」，是因為血流馬上停止了。

知己知彼、相生相剋的道理，在推手當中的具體應用是：彼掤我捋、彼擠我按、彼肘我採、彼靠我挒。一方進攻，一方化解，循環變化，其中有個聽勁，但非耳聽，而是靠皮膚神經的靈敏性感知對方勁力的來龍去脈，加以走化進攻。

定步推手步子都固定不動，稱為險步。如同二人面對面站在獨木橋上互不相讓，不但不退，只想把對方弄到河裡，你只要一動步就掉到河裡，人家就過去了。所以定步推手時手老是障礙，腳要扎得很穩，不論坐步、弓步都一樣，後腳

一動就算輸。

　　大将相反，大将是以步法為主，叫做活步推手。如掤和擠，都是上步套鎖，頂肘是腳踏中門，肩打靠是跨步。所以，大将專注步法，手法不用管它。向前是掤、擠、肘、靠為進攻；後退是将、按、採、挒為化解。前者為一二三四；後者為五六七八。第五個字破第一個字，即将破掤。以下類推。按破擠、採破肘、挒破靠。不論進攻也好，化解也好，都是以步法為主。破解的時候，将完了即蹬地收腿往後撤步；打靠完了也是腳蹬地收腿後撤，先右腳向左腳靠攏，然後再往後撤步。按後還是左腳蹬地收腿後坐，收腿後再變眼神，這是破對方的套鎖，讓開正面擋他側面，以隅擊正。總之是以步法為主，就注意步法，手法不用管它。

　　要百戰百勝，就必須知己知彼。要知己知彼，對內五行與外五行的關係要看得準。其中有聽勁，聽勁就是偵察，偵察對方，一般拳術也有偵察的方式方法。偵察的方式方法分上、中、下三等，即上乘功夫、中乘功夫、下乘功夫。各乘功夫其所看的位置不同。先從低的來說（即下乘功夫），一般看的是對方的兩肩和兩胯。因為兩肩、兩胯管的是兩臂兩腿的動作，他不是拳打就是腳踢。武術講究四個字：踢、打、摔、拿。踢是各種腿法，打是各種手法。有三十六摔、七十二擒拿。現在日本柔道就採用了兩項（武術的兩種），一個是摔、一個是拿。他們現在又加上了一個寢技。就是倒地之後還把對方給按在地上，或用絞技或用固技，在規定的時間內逃不出來就算輸。

　　前面講的三乘功夫都是指合格的。但合格的與不合格的較量，不合格的是亂打一通，他沒有方式方法，反正就是

打。而懂行的則不管對方怎麼動，只盯著對方的兩肩、兩胯。否則會被對方耍花子所迷惑。武術有腕花、手花、肩花，梢節動得快，叫耍花招，其根節不動，則無威脅。他若發腿踢，是根節（胯）先動，提起腿來再踢，不是提左腿，就是提右腿。能注意到了這點，這在一般拳術來講，就算是不錯了。這叫做夠格，依我的看法，這只是下乘功夫。

中乘的，連兩肩、兩胯都不看。看什麼，看兩隻眼睛。眼為心之苗，你盯住他兩隻眼睛，待會兒他胳膊腿動得更慢了。對方有時用震腳或呼叫，其實沒有怎麼樣，只不過想使你心裡發慌。猶如小貓，全身毛都豎起來，「毛骨悚然」，嘴裡還吹氣，它是怕，要逃跑時才表現那種嚇人勁。日本軍人的刺槍、劈刀，也是吼哈亂叫，舞動了半天才抽不冷子來一下。他是恐嚇。你就盯住他眼神，他的動作看起來就慢了。他心裡怎麼想，眼球先轉動。有時有佯敗的，佯敗是虛晃一招就走，雖走還抽眼看，還盯著你。所以，佯敗不要追，追時也得悠著勁，慢慢看著他有什麼變化。所以，防禦的勁是很穩健的，你要有所防備。把這些把握住，你才能百戰百勝，否則，亂打一鍋粥還想取勝？只有失敗。須知，盯住對方眼睛管他全身，任他怎麼動都行，這算中乘。

上乘的，原來一般都把中乘的作為上乘的，下乘的算做中乘的。我把下乘的調上來，作為最高的，是什麼呢，叫做「低頭貓腰」。原來一般說是：「低頭貓腰，學藝不高。」我把這個列為上乘，跟他人相反。

一般人說，低頭貓腰的拳不行，一看就搖頭。其實那個東西是最高的。因為，你盯著他兩肩或兩眼，而他盯著你的兩條腿。不是邁左腿便是邁右腿。所謂高就高在這個地方。

因為他是看檔口，當場不讓步，舉手不留情。趕行門，過步眼，不論對方手多麼快，他步子不到位，他打不著你。上步是進攻，你就盯住他步子，夠檔口了，你把他的前腿一消滅就完了。他腿一斷就沒根了。所以說，這是最高的，我把它列為最上乘的功夫。你小看低頭貓腰的外形，人家要打你了，你還沒有看透呢？人家就專門看你的左右腿，夠檔口以後就走行門，過步眼。走行門是什麼，就是按八卦、八方、八門位置，例如作戰，利用地形地物，占領有利地形。既能隱蔽自己，又能發揚火力，消滅敵人，保存自己。也跟下象棋一樣，他一拿起馬來，你便知他走幾步，到時你就準備吃馬肉。

這說明什麼，就他腳剛一落，那腿還沒有起就去削，他兩腿全完了，呱嘰就躺下。我們也不低頭貓腰，心裡明白此術就是。要是低頭貓腰，讓他更打不著了。

說知己知彼要用眼睛，這叫視覺。而太極拳注重觸覺，不用看，閉上眼睛都行，是用皮膚接觸點來聽，偵察對方方向的變化。我們用觸覺，所以叫聽勁。聽勁不是用耳朵聽，有人有誤解的，應當是「靜中觸動動猶靜」，在運動當中你這裡靜，「靜而後能定，定而後能安，安而後能慮，慮而後能得，物有本末，事有終始，知所先後，則進道矣。」把這些理論都能突出掌握住，運用自然，才能達到「百戰百勝」。

「下上相隨」人難進

太極拳打手歌曰：「掤捋擠按須認真，上下相隨人難進。」這「人難進」的功夫，在太極界裡是人人企求的。「人難進」的功夫，是由「上下相隨」來達到的。那麼「上下相隨」的內涵是什麼呢？

何為上，何為下，何為相隨？

人體有四肢，分上肢與下肢，上肢為兩臂，下肢為兩腿。兩臂又分肩、肘、腕三節，兩腿也分胯、膝、足三節。上肢為上，下肢為下，所謂「上下相隨」，就是上下肢相隨。「隨」就是「隨合」「順隨」「跟隨」「伴隨」「追隨」。具體應用又分三層，即手足相隨、肘膝相隨、肩胯相隨。當兩臂前伸時，則意在手足相隨；當屈肘時，則意在肘膝相隨；當垂臂或兩臂被控時，則意在肩胯相隨。這叫做「三道氣勢中心圈」，即手足圈、肘膝圈、肩胯圈。由此可知，「上下相隨」有伸縮性和靈活性。

上下相隨又有同側相隨和異側相隨之分，例如，單鞭勢是同側相隨，摟膝拗步是異側相隨。總之，無論是盤架子或推手，只要一動手就立刻想腳。拳諺云：「三尖相照，三尖

齊到。」「三尖」者，眼尖、手尖、腳尖。「相照」就是眼、手、腳對正，上下前後取成直線而構成合勁。又云：「手到腳不到，自去尋煩惱；腳到手不到，也是瞎胡鬧；手腳一齊到，打人如薅草。」

那麼，既然說「上下相隨」是對的，為什麼本文標題用「下上相隨」呢？這個問題在已往屬不傳之秘。須知，太極拳是口授之學，真東西都是口傳的。你要想弄懂太極拳的奧秘，那你的思想方法必須來一個大轉變，否則，你只有在太極門外徘徊罷了！所以要「下上相隨」，說破了，就是下找上比上找下的勁大好多倍，因為，當你意想腳找手時，腳底便發生了陰陽動靜虛實的變化，當變到實中有點虛或虛中有點實時，此時腳底太極圖出現，手上來了太極勁。太極勁是一種混圓勁，對方若用拙力進攻，立即就被反彈回去，使對方乾著急沒辦法，這就是太極拳之奧妙所在。「凡此皆是意，不在外面」。

太極拳內功的幾種練法

習者端坐在椅子上（床沿、沙發邊或臺階上亦可），兩腳齊肩寬，腳掌踏平，小腿垂直，與大腿成 90°。背脊要直，全身放鬆、心情安定，進入練功態。

1. 腳呼吸法，又稱「踵提呼吸法」，簡稱「踵息法」

【練習方法】：提腳跟。意注腳跟，要輕輕慢慢地往起提腳跟（此時感覺小腹上翻）。忘掉腳跟轉想腳大趾，輕輕

慢慢地往起翹腳大趾（此時感覺小腹下翻。小腹之上翻下翻謂丹田內轉，亦稱翻江攪海）。然後忘掉腳大趾再想提腳跟，之後再翹腳大趾。如此一提一翹，反覆練習9次。

提腳跟時為吸，翹腳大趾時為呼，是謂腳踵呼吸法，屬高層次的呼吸法，不是常人的用口鼻呼吸。古人云：「聖人息以踵，由腳踵而頭頂一氣呵成。」提腳跟時督脈升，翹腳大趾時任脈降，其養生作用不言而喻。

【技擊作用】：在推手時，拿人時則提腳跟，發人時則翹腳大趾（指前腳、虛腳）。

2. 運睪丸

【練習方法】：意注睪丸。睪丸要輕輕慢慢地向上抽提（此時感覺肩井穴和環跳穴關閉），然後鬆開睪丸（此時感覺肩井穴和環跳穴都開），之後再提，再鬆，如此反覆練習9次。女子運會陰穴，也是一提，一鬆。或運乳頭（黑圈以內部位）亦可。

睪丸屬蹺脈（陰蹺、陽蹺），蹺脈是管人體升降的。

【體用】：做「金雞獨立」勢時，提睪丸，做仆步下勢時鬆開睪丸。

3. 胎息法（肚臍呼吸法）

【練習方法】：意注肚臍。收肚臍，稍停，鬆開肚臍，稍停。如此一收，一鬆，反覆練習9次。

【感覺】：當在收肚臍時，感覺左右兩腎在往左右兩側開；當鬆開肚臍時，感覺兩腎在合。肚臍為神闕穴，內聯五臟六腑。此法也是鍛鍊內臟的方法。

【技擊應用】：在推手時，拿人時則收肚臍，發人則鬆開肚臍。

4. 勞宮呼吸法

【練習方法】：兩手心相對一尺，側置於膝上。展指凸掌心勞宮吐氣，然後空手心勞宮吸氣。如此一展一空，反覆練習9次。

【感覺】：當做勞宮呼吸時，湧泉也在同步呼吸，因手心、腳心關竅相通。

【技擊應用】：在推手中發人時，要展指凸掌勞宮吐力，抓筋閉脈時，要空手心氣貫指梢，甲欲透骨。

【健身作用】：十指連心，手指通內臟，練指掌同時也在練內臟；手是人腦的外在表現，練手指同時也在鍛鍊人腦，腦是人體重點保健部位。

5. 鼻尖、人中呼吸法

【練習方法】：意注鼻尖，轉想人中，再想鼻尖、復想人中。如此反覆練習9次。

【感覺】：當想鼻尖時，感覺肺葉張開，當想人中時，感覺小腹之丹田充實。

想鼻尖為吸，想人中為呼。

【健身作用】：練此法可醒腦提神，寬胸暢懷。

【技擊應用】：在推手時，在拿人時則想鼻尖，發人時則想人中。意想人中則氣長，氣長則功夫長，長短相差一秒鐘則決定勝負。

6. 眼睛呼吸法

【練習方法】：收眼神（看鼻根），放眼神（先往遠放，然後看耳朵，左眼看左耳，右眼看右耳，看不見也看）。然後再收眼神看鼻根（看不見也看）再放眼神。如此一收一放，反覆練習9次。

【感覺】：收眼神時，兩手腕、兩腳腕無力，放眼神時，兩手腕、兩腳腕有勁。

【保健作用】：練習此法，可調整眼睛的屈光和視野，改善眼區的血液循環，增強視神經功能。眼區也是內臟全息區，故此法對內臟也有益處。

【技擊應用】：在推手中，發人時則放眼神，拿人時則收眼神。

7. 頂心旋轉法

【練習方法】：意注百會穴，百會一有感覺（得氣感）然後轉想右、前、左、後沿四神聰旋轉三圈（意念轉），之後反轉三圈（即右、後、左、前）最後轉想百會穴，隨即忘掉，轉想肩井、曲池、合谷、手十指梢、活動活動手指。功畢。

【功用】：①培養提頂（頂頭懸、虛領頂勁的感覺）。可使身體平衡穩定。②培養頭手結合，頂打人的習慣性。

8. 四肢穴道呼應法

【練習方法】：意想右勞宮，轉想左湧泉；意想右曲池，轉想左陽陵；意想右肩井，轉想左環跳；意想左肩井，

轉想右環跳；意想左曲池，轉想右陽陵，意想左勞宮，轉想右湧泉；意想左曲池，轉想右陽陵；意想左肩井，轉想右環跳；意想右肩井，轉想左環跳，意想右曲池，轉想左陽陵，意想右勞宮、轉想左湧泉……如此四肢大關節穴道左右交叉呼應，來回反覆 3 次。

【功用】：打通四肢穴道，培養內外三合的意念習慣，增強條件反射的靈敏性。在推手時上下相隨，內外相合，周身一家，渾身如牽線，出合勁，出整勁，增強打擊效果。

以上八法，全屬意念訓練，磨刀不誤砍柴工，平時養成習慣，臨戰防衛反應自然。到時只取一種自感得意的方法即可，不必全顧。須知「得一，則萬事畢」。以一法代萬法，以一念可代萬念，以不變應萬變。「一覺獨照，萬籟俱寂」。

大展出版社有限公司
品冠文化出版社

圖書目錄

地址：台北市北投區(石牌)
致遠一路二段 12 巷 1 號
郵撥：01669551＜大展＞
　　　19346241＜品冠＞

電話：(02) 28236031
　　　28236033
　　　28233123
傳真：(02) 28272069

·少 年 偵 探· 品冠編號 66

1.	怪盜二十面相	（精）	江戶川亂步著	特價	189 元
2.	少年偵探團	（精）	江戶川亂步著	特價	189 元
3.	妖怪博士	（精）	江戶川亂步著	特價	189 元
4.	大金塊	（精）	江戶川亂步著	特價	230 元
5.	青銅魔人	（精）	江戶川亂步著	特價	230 元
6.	地底魔術王	（精）	江戶川亂步著	特價	230 元
7.	透明怪人	（精）	江戶川亂步著	特價	230 元
8.	怪人四十面相	（精）	江戶川亂步著	特價	230 元
9.	宇宙怪人	（精）	江戶川亂步著	特價	230 元
10.	恐怖的鐵塔王國	（精）	江戶川亂步著	特價	230 元
11.	灰色巨人	（精）	江戶川亂步著	特價	230 元
12.	海底魔術師	（精）	江戶川亂步著	特價	230 元
13.	黃金豹	（精）	江戶川亂步著	特價	230 元
14.	魔法博士	（精）	江戶川亂步著	特價	230 元
15.	馬戲怪人	（精）	江戶川亂步著	特價	230 元
16.	魔人銅鑼	（精）	江戶川亂步著	特價	230 元
17.	魔法人偶	（精）	江戶川亂步著	特價	230 元
18.	奇面城的秘密	（精）	江戶川亂步著	特價	230 元
19.	夜光人	（精）	江戶川亂步著	特價	230 元
20.	塔上的魔術師	（精）	江戶川亂步著	特價	230 元
21.	鐵人Q	（精）	江戶川亂步著	特價	230 元
22.	假面恐怖王	（精）	江戶川亂步著	特價	230 元
23.	電人M	（精）	江戶川亂步著	特價	230 元
24.	二十面相的詛咒	（精）	江戶川亂步著	特價	230 元
25.	飛天二十面相	（精）	江戶川亂步著	特價	230 元
26.	黃金怪獸	（精）	江戶川亂步著	特價	230 元

·生 活 廣 場· 品冠編號 61

1.	366 天誕生星	李芳黛譯	280 元
2.	366 天誕生花與誕生石	李芳黛譯	280 元
3.	科學命相	淺野八郎著	220 元
4.	已知的他界科學	陳蒼杰譯	220 元